STIFT URACH

Gemeinsames Leben in Geschichte und Gegenwart

Herausgegeben im Auftrag des Stift Urach von Wolfgang Schöllkopf

mit Beiträgen von Ernst Michael Dörrfuß, Astrid Hafner, Bärbel Hartmann,
Siegfried Kullen, Martin Oettle, Wolfgang Schöllkopf
und Fotografien von Matthias Balk, gestaltet von Lioba Geggerle.
Süddeutsche Verlagsgesellschaft Ulm im Jan Thorbecke Verlag

STIFT URACH

Gemeinsames Leben in Geschichte und Gegenwart

Herausgeber
Wolfgang Schöllkopf im Auftrag des Stift Urach

Fotografie
Matthias Balk

Gestaltung
Lioba Geggerle

Gesamtherstellung
Süddeutsche Verlagsgesellschaft mbH Ulm

ISBN 978-3-88294-446-4

INHALT

ZWEI FARBEN ZUM GELEIT

Zu einer Spurensuche lädt dieses Buch ein, die Geschichte und Gegenwart im Geist eines Ortes verbindet: Stift Urach.
Dabei leitend sind zwei Farben: die Farbe Blau, die für das Stift eine zentrale Bedeutung hat, von den „blauen Brüdern“, die die liturgische Farbe der Maria trugen, bis zu Eduard Mörikes „blauem Band“, das den Frühling und auch die Alb bezeichnete, an die sich Urach lehnt. Das Blau des Himmels symbolisiert in den Mariendarstellungen der Gotik – zusammen mit der Farbe Rot, die die Königin kennzeichnet – die Himmelskönigin. Diese Hochschätzung der Maria, gepaart mit biblischer Nüchternheit und Gründlichkeit, hat Martin Luther, der bei den Brüdern vom gemeinsamen Leben zur Schule ging, ausgezeichnet. Noch heute erklingt im Abendgebet des Stifts das Magnificat, der Lobgesang der Maria. Rot steht für Feuer, Leiden und Leidenschaft, die Zeuginnen und Zeugen des Glaubens und die Gemeinschaft der Kirche, verbunden in gemeinsamem Leben.

Marienschlussstein aus der Amanduskirche mit den Farben Blau und Rot.

STIFT URACH UND SEINE GESCHICHTE

Wolfgang Schöllkopf

1477–1514	Stift der Brüder vom gemeinsamen Leben
1560–1566	Slawische Buchdruckerei mit Primus Truber
1599–1793	Sitz der Uracher Leinenweber
1818–1977	Evangelisch-Theologisches Seminar
seit 1980	Einkehrhaus der Evangelischen Landeskirche in Württemberg

Stift der „Brüder vom gemeinsamen Leben"

1477–1514

Graf Eberhard V. von Württemberg, genannt Eberhard im Bart (1445–1496; > S. 53), holte die Gemeinschaft der Brüder vom gemeinsamen Leben als Modell für die im Umbruch befindliche Gesellschaft des späten Mittelalters 1477 in seine Residenz nach Urach. Die nach ihrer Tracht „Kappenherren" (im Schwäbischen: „Gugelherren") oder „blaue Brüder" genannten Stiftsherren gehörten zu einer geistlichen Reformbewegung („Devotio moderna"), die rund einhundert Jahre zuvor in den Niederlanden entstand und von Gert Groote (1340–1384), sowie von Thomas von Kempen (1379–1471) geprägt wurde. Als sie im Konstanzer Konzil 1417 als verdächtig modern angeklagt wurden, verteidigte sie dort der französische Theologe und frühere Rektor der Universität Paris Johannes Gerson (1363–1429). Er wurde deshalb an der Kanzel der Uracher Amanduskirche den lateinischen Kirchenvätern beigefügt. Die Brüder vom gemeinsamen Leben verbanden als Laien- und Klerusbewegung zur Reform der hierarchischen Kirche die eigentlich in Spannung zueinander stehenden Elemente der erfahrungsbezogenen Mystik mit der Tiefenschärfe des scholastischen Lehrsystems. Dazu wollten die Brüder – andernorts gab es auch Schwesternhäuser – nicht, wie Mönche, der Welt entfliehen, sondern ohne Gelübde in moderner Zeitgenossenschaft die Gesellschaft mit gestalten. Sie waren Chorherren eines Kollegiatstifts und lebten aus dem Takt ihres regelmäßigen Gebets. Daraus widmeten sie sich ihren theologischen Studien und der Buchherstellung, den Gottesdiensten und der Seelsorge, dem Unterricht an der Lateinschule und der diakonischen Hilfe für Arme und Kranke im Spital. (Auch Martin Luther ging in Magdeburg bei den Brüdern vom gemeinsamen Leben zur Schule.) Dazu verband die Bruderschaft in ihrer Zusammensetzung die getrennten mittelalterlichen Stände und setzte sich zusammen aus Geistlichen, Mitgliedern des Adels und des Bürgertums. Darin wurden sie für Graf Eberhard zum Modell für den Weg der Gesellschaft in eine neue Zeit, in der sich aus dem Kultus, dem gefeierten Gottesdienst und Gebet in der Mitte, die Kultur eines

menschenwürdigen Miteinanders entwickelt. Er holte die ersten Brüder aus dem hessischen Butzbach, das zur Windesheimer Kongregation der Augustiner gehörte, nach Urach und ließ für sie 1477–1482 das Stift an die bereits im Umbau befindliche Amanduskirche (1482 zur Stiftskirche erhoben) anbauen. Der bedeutendste Propst in Urach war Gabriel Biel (1413–1495; > S. 48), der als Vertrauter des Herzogs einer der prägenden Professoren der ebenfalls 1477 gestifteten Universität Tübingen wurde, wie auch sein Schüler Wendelin Steinbach (1454–1519). Wegen des großen Zulaufes wurden von Urach aus die Bruderhäuser in Dettingen an der Erms, Tübingen, Herrenberg und auf dem Einsiedel bei Kirchentellinsfurt gegründet, sowie die Niederlassungen in Tachenhausen bei Nürtingen und am Florian bei Kappishäusern. Die Reformbewegung sollte für die Entwicklung in Württemberg eine wichtige Rolle spielen. Kaum jedoch war ihr Schutzherr, Herzog (seit 1495) Eberhard I. 1496 verstorben, regte sich neidischer Widerstand und im Tübinger Vertrag von 1514 wurde das Ende der Bruderschaft noch vor der Einführung der Reformation in Württemberg besiegelt. Das Uracher Stift wurde in ein weltliches Chorherrenstift umgewandelt.

Slawische Buchdruckerei mit Primus Truber

1561 – 1566

Mit der Einführung der Reformation im Herzogtum Württemberg 1534 wurden auch das Stift und die Amanduskirche evangelisch. Der Ostflügel des Stifts diente als Pfarrhaus. Auf Geheiß des in Urach geborenen Herzogs Christoph (1515–1568; > S. 53), der sich als Schutzherr der lutherischen Bewegung verstand, wurden im Stift ab 1555 Glaubensflüchtlinge aus den habsburgischen Erblanden aufgenommen. So kam es zu einer folgenreichen Begegnung zwischen Pfarrer Primus Truber (1508–1586; > S. 64) aus Laibach (Ljubljana) in Slowenien, der im Ostflügel des Stifts wohnte, und dem Freiherrn Hans Ungnad von Sonegg (1493–1564), Landeshauptmann der Steiermark, vom Herzog zu seinem Rat ernannt, der im Westflügel residierte. Der vermögende Adelige finanzierte die Einrichtung einer Druckanstalt im Stift für christliche Erbauungsbücher in slowenischer und kroatischer Sprache. Dafür wurde 1561 eine Niederlassung der Tübinger Druckereien Morhart und Gruppenbach in Urach installiert. Sie knüpfte an die Tradition des frühen Uracher Buchdrucks der Esslinger Druckerei von Konrad Fyner für die Kartäuser vom Güterstein und die Brüder vom gemeinsamen Leben seit 1478 an. Hergestellt wurden in gut fünf Jahren 30.000 Bücher und Schriften, darunter in Trubers Übersetzung von 1562 das Neue Testament, sowie Predigten, Katechismen und Gesangbücher.
Die kroatischen Übersetzungen fertigten die Mitarbeiter Stephan Konsul (1521–1579) und Jurij Dalmatin (1547–1589). Unter abenteuerlichen Bedingungen wurden viele der Schriften in die Länder der Kraina verbracht. Leitmotiv dieser Arbeit, die neben Herzog Christoph und Hans Ungnad auch die evangelischen Reichsstände und sogar der Kaiser förderten, war die reformatorische Mission unter den Völkern des Ostens. Dazu sollten die Übertragungen in die kyrillische und glagolitische Schrift dienen. Um die Rechtmäßigkeit dieses freien Unternehmens zu gewährleisten, wurde in schwäbischer Manier die jährliche Rechnungslegung vor der Universität Tübingen vereinbart. Obwohl nach kurzer Zeit Truber nach Derendingen und die Druckerei nach Tübingen wechselten, ist Stift Urach ein wichtiger Erinnerungsort für Slowenien, die Länder der Kraina und ihre Sprachgeschichte geblieben.

Primus Truber wurde der Begründer der slowenischen Schriftsprache und Reformator Sloweniens.

Gleich mit dem ersten Jahrgang zog 1818 Eduard Mörike ins Seminar Urach ein.

Sitz der Uracher Leinenweber
1599 – 1793

Im Jahr 1598 verlieh Herzog Friedrich I. (1557–1608) den Urachern ein Privileg zur Herstellung und Vermarktung von Leinen und ließ durch seinen bedeutenden Baumeister Heinrich Schickhardt (1558–1635) die Uracher Webervorstadt erbauen. Das Stift, als neben der Amanduskirche und dem Schloss größten Gebäude der Stadt wurde der Ort für das Kontor und Lager, sowie die Mangel der Leinenweber, auch noch, als 1661 die „Privilegierte Leinwandhandlung-Companie“ als Kapitalgesellschaft für den weltweiten Handel mit dem geschätzten Uracher Leinen gegründet wurde, bis zu deren Ende 1793, als der Betrieb in private Hände überging.
Danach ergab sich ein kleines Zwischenspiel in der Nutzung des Stiftsgebäudes, als König Friedrich I. (1754–1816) im Jahr seiner Krönung 1806 den Fohlenhof des Landesgestüts Marbach in den Uracher Tiergarten und ins Stift verlegen ließ. „Olim musis, nunc mulis“ (einst für die Musen, nun für die Maultiere) war der Spottvers auf diese ungeeignete Nutzung. Nicht zuletzt aber dafür, dass es mit dem Latein wieder besser werden sollte, kam es zu einer sehr viel bedeutsameren Einrichtung in den historischen Mauern:

Evangelisch-theologisches Seminar
1818 – 1977

Aus den Klosterschulen der Reformation zur Förderung begabter Landeskinder für Aufgaben in Kirche, Schule und Staat wurden im Zuge der neuhumanistischen Bildungsreform im Königreich Württemberg evangelisch-theologische Seminare. Neu richtete man dafür ein Seminar 1810 im ehemaligen Zisterzienserkloster Schöntal an der Jagst und 1818 in Stift Urach ein, zusammen mit den damals bereits und heute noch bestehenden Schulen in Maulbronn und Blaubeuren. Die Stadt Urach leistete einen erheblichen Kostenbeitrag, um diese bedeutsame Bildungseinrichtung in ihre Mauern zu bekommen. Das Stift erfuhr seinen bis dahin größten Umbau, in Hör- und Schlafsäle, in Studierstuben, Turnraum (!), Repetentenzimmer und Lehrerwohnungen. Die Seminaristen, ausgewählt durch das Landexamen, verbrachten zuerst die letzten vier Jahre der Gymnasialzeit ganz in Urach. Ab 1874 wechselten die Promotionen, wie die Jahrgänge heißen, nach zwei Jahren in Schöntal bis zum Abitur nach Urach. Mit der Aufnahme ins Seminar war ein Naturalstipendium verbunden, das Ausbildung, Unterkunft und Verpflegung (zu der einst auch der Tischwein gehörte!) umfasste. Die Schwerpunkte des Lehrplans bildeten die Altphilologie mit Latein, Griechisch und Hebräisch, Theologie und Philosophie, Geschichte, Literatur und Musik. Die Leitung des Seminars lag in den Händen des Ephorus. Für die Begleitung der Seminaristen wurden Repetenten genannte Junglehrer eingestellt. Das gemeinsame Leben und die intensive Lerngemeinschaft auf Zeit förderten Begabungen und Freundschaften, trotz zuweilen disziplinarischer Enge.
Mit dem Ende des württembergischen Königreichs wurden die bis dahin der Schulbehörde unterstellten Seminare in einem noch heute gültigen Vertrag von 1928 in die gemeinsame Trägerschaft von Landeskirche und Land übergeben, als staatlich anerkannte altphilologische Gymnasien mit kirchlichem Internat. Das Gebäude von Stift Urach wechselte in kirchlichen Besitz. Die Zeit des Nationalsozialismus erschwerte die inhaltliche Ausrichtung der Seminare zunehmend, bis sie 1941 alle beschlagnahmt wurden. In Urach zogen eine Heimschule und ein Lazarett ein. Gleich nach dem Krieg brachte die 50. Uracher Promotion (1945/48) den alten Seminargeist wieder. In die starken Nachkriegsjahrgänge wurden als Gäste auch Schülerinnen aus Urach und Umgebung aufgenommen. Seminaristinnen im Internat gab es erst ab 1969. Im Zuge der Oberstufenreform wurde das Seminar Urach 1977 geschlossen. Rund 2.200 Seminaristen hatten es bis dahin durchlaufen. Stiftungsgemäß wurden viele Pfarrer und Lehrer in Württemberg, aber auch Geistes- und Naturwissenschaftler, Historiker, Juristen, Ärzte, Techniker, Dichter und Musiker, im Land und darüber hinaus.

Bekannte Uracher Seminaristen waren:

- Eduard Mörike (1804–1875), Dichter (> S. 60)
- Johannes Mährlen (1803–1871), Ökonom
- Johann Tobias Beck (1804–1878), Theologe
- Gustav Jäger (1832–1917), Zoologe („Woll-Jäger")
- Christoph Friedrich Blumhardt (1842–1919), Pfarrer und Sozialdemokrat
- Eugen Nägele (1856–1937), Lehrer und Gründer des Schwäbischen Albvereins
- Johannes Hieber (1862–1951), württembergischer Staatspräsident
- Rudolf Yelin (1864–1940), bildender Künstler
- Ernst Kretschmer (1888–1964), Psychiater
- Siegmund Warburg (1902–1982), Bankier (als Gastschüler)
- Ernst Fuchs (1903–1983), Theologe
- Hans Fähnle (1903–1968), bildender Künstler
- Erich Eichele (1904–1985), württembergischer Landesbischof
- Albrecht Goes (1908–2000), Pfarrer und Schriftsteller (> S. 55)
- Helmut Lamparter (1912–1991), Theologe
- Theo Sorg (geb. 1929), württembergischer Landesbischof
- Helmuth Rilling (geb. 1933), Musiker

Einkehrhaus der Evangelischen Landeskirche in Württemberg
seit 1980

Auf Initiative von Altlandesbischof D. Helmut Claß (1913–1998; siehe: > S. 52), der damals Beauftragter der Evangelischen Kirche in Deutschland (EKD) für die Kommunitäten war, entstand das landeskirchliche Einkehrhaus an diesem durch seine Tradition geistgewirkten Ort. Seine Leitung übernahmen gemeinsam mit dem Kuratorium: Pfarrer Werner Knoch (1981–1994), Pfarrer Dr. Udo Hofmann (1994–2006), Pfarrerin Bärbel Hartmann (seit 2006).
In der Arbeit des Einkehrhauses im geschichtsträchtigen Stift Urach wirken die Wurzeln dieser historischen Phasen weiter: Regelmäßiges Gebet, Bildung und Seelsorge, Hinwendung zum Alltag in christlichem Geist. Das Stift ist heute ein Tagungshaus mit eigenen Themenbereichen (Schwerpunkte: biblisch-theologische und kirchengeschichtliche Bildung, Meditation, Stille und Seelsorge) und für Gastgruppen, sowie ein Einkehrhaus zur Erholung und Seelsorge für Gruppen und Einzelgäste. Im neu renovierten Haus stehen 29 Doppelzimmer und 23 Einzelzimmer, sowie 9 Seminar- und Tagungsräume für 8 bis 130 Personen zur Verfügung. Eine regional orientierte Küche versorgt die Gäste. Drei Tagzeitengebete in der Hauskapelle geben den Takt des Hauses vor und laden zur Einkehr ein.

ENGLISH SUMMARY

Stift Urach: significant steps in its history

(Translation: Astrid Hafner)

1477–1514
The Stift was built by Graf Eberhard and attached to the Amanduskirche which, at that time, was in a state of renovation. The Stift was meant as a workplace for the 'Brethren of the Common Life' to bring new inspiration and motivation to his country. The cloistral community devoted every waking hour to attending divine service, in the spirit William of Ockham's theology ("Modern Devotion"). The brothers occupied themselves with literature, and education, translating and copying important books, educating in the grammar school (today it is the seminary building with Pastoralkolleg) and working in the infirmary (today the elementary school).
1560–1566
After the reformation, a bible printing house was established in the Stift by Primus Truber, the Protestant reformer of the Protestant Church of the Slovene Lands. 30.000 Bible and Catechism were printed in Slovene and Croatian language. Slovene, for the first time, here by becoming a written language.
1599–1793
The Stift becomes the domicile of the "Uracher Leinwandhandelskompanie", a linen trading company and storage for Urach's linen. In 1599 Urach was given that privilege by Duke Friedrich the 1st.
1806–1818
King Friedrich the 1st moved the foals, from the state-run stud "Landesgestüt Marbach", to the Stift. "Olim musis, nunc mulis" (first muse, now mule) was the mocking line for the new inappropriate usage.
1818–1977
Under King Wilhelm the 1st the foal moved out and the seminarians in, as pupils of the newly established Protestant theological college. The school and its life by the spirit of neohumanism shaped pastors and teachers, humanist and natural scientist, historians, physicians, lawyers, technicians and even musicians and poets to "Uracher Köpfe", beneath those Eduard Mörike, the famous Romantic poet. The seminary was closed in the course of the high school reform in 1977.
1980 until today
Stift Urach becomes the retreat house of the Evangelical-Lutheran Church in Württemberg. The retreat in its history still shows its predominant roots: Life determined by prayers on a regular basis, intensive engagement in Bible study, concentration on the world and education in the spirit of Christianity.

HISTORISCHE SPUREN IM STIFT

Ein Rundgang

Wolfgang Schöllkopf

Der Innenhof

Wer das Tor durchschreitet, erspürt eine andere Welt: Der Innenhof des Stifts mit seiner konzentrierten Stille birgt Einkehr und Besinnung. Zwar stehen die Stifte der Brüder vom gemeinsamen Leben meist mitten im Ort, als gebautes Zeichen ihrer Zeitgenossenschaft, nach innen aber wirken sie kontemplativ, wie Einatmen und Ausatmen.
Das Ensemble aus Stiftskirche und Stift zeigt Spuren aus den verschiedenen Epochen: Der Ostflügel (mit dem heutigen Eingang zum Empfang) erzählt noch von der mittelalterlichen Bauform mit einem Steinstock im Erdgeschoss und darauf aufgebautem, später verkleideten Fachwerk. Der Westflügel als früherer Konventsbau und der Nordflügel mit dem Refektorium dagegen haben ihr Gesicht vom Umbau für das Seminar im klassizistischen Stil des 19. Jahrhunderts, samt dem damals ausgebauten 2. Stockwerk.
Unter der zur Seminarzeit gepflanzten Linde findet sich das **Gefallenendenkmal** des Seminars. Auf dem Tuffstein vom Güterstein, dem selben Material, aus dem auch die Amanduskirche geschaffen wurde, sind 131 Schüler und 4 Lehrer aus dem Ersten Weltkrieg, sowie 205 Schüler und 6 Lehrer aus dem Zweiten Weltkrieg als Opfer genannt und mahnen zum Frieden.
In seinem 400. Todesjahr 1986 wurde die **Primus-Truber-Plastik** 1986 von Kurt Grabert (1922–1999) errichtet, gestiftet von der evangelischen Kirchengemeinde, mit slowenischer und deutscher Inschrift. 2007 kam eine Erinnerungstafel der Republik Kroatien hinzu, die an die kroatische Übersetzungsarbeit von Stephan Konsul und Jurij Dalmatin erinnert (im Torbogen, am Eingang zur Sakristei).
Der ehemalige Hofbrunnen wurde vor den Haupteingang des Stifts an die Straßenseite verlegt. Auf der Rasenfläche gegenüber stand früher das Lehrerhaus des Seminars.

Ein stilisiertes Kreuz der Brüder vom gemeinsamen Leben ist auf dem Seminargedenkstein im Innenhof zu sehen.

Im Erdgeschoss und Gewölbe

Das Restaurant ist nach dem in Urach geborenen zweiten Reformationsfürsten des Landes Herzog Christoph (1515–1568; > S. 53) genannt, der einem guten Essen samt Getränk gerne zusprach. Davor ist eine **Vitrine zur Hausgeschichte** eingerichtet, in der Exponate zu den verschiedenen Epochen gezeigt werden. Darunter sind auch Beispiele aus der fast vollständigen Sammlung von Gruppenbildern der Uracher Seminarpromotionen seit Erfindung der Photographie.
Die **Aufschriften auf den Glastüren** in den Fluren nehmen ebenfalls Bezug auf die historischen Phasen. Dazu haben sie das Alpha und Omega als Anfang und Ende des griechischen Alphabets in der Mitte, mit dem Graf Eberhards Wahlspruch „ATTEMPTO" („ich wag's") eingefasst ist. Er weist mit symbolischen acht Buchstaben auf die neue Schöpfung, deren Anfang und Ziel Christus heißt (Offenbarung 22, 13).
Der kleine Speisesaal **Primus Truber** zeigt in seinen Fensterleibungen noch Spuren des alten Refektoriums. Hier war die Druckerei untergebracht.
Beim Treppenaufgang hängt die **Seminarglocke** (gegossen von Heinrich Kurtz, Stuttgart 1880), die zum Aufstehen, zur Andacht und zum Essen rief, heute wegen ihres scharfen Tons jedoch nur noch in die Stille des Einkehrhauses einstimmt.

Auch die **Bücherecke**, nach dem schwäbischen Pfarrer und Schriftsteller Albrecht Goes (1908–2000; > S. 55) benannt, der 1924–1926 Seminarist in Urach war, zeigt eine Erinnerung aus der Seminarzeit: Die **Bibliothek der Ehemaligen** mit Veröffentlichungen ehemaliger Uracher Seminaristinnen und Seminaristen. Die Sammlung spiegelt die Fächervielfalt der Professionen wider, von großen Werken bekannter Namen, bis zu ortsgeschichtlichen Forschungen oder originellen Wortkünsten, darunter Episkopales und Profanes, Theologisches und Technisches, Philosophisches und Politisches.

Am Abgang zum Gewölbekeller findet sich eine freigelegte Eichenbohle aus dem Erbauungsjahr des Stifts 1477. Der darunter liegende **Gewölbekeller** gehört zu den ältesten Bauteilen des Hauses und ist nach dem Stifter des Stifts Graf Eberhard benannt. Hier wurden in Wein, Most und Öl die Abgaben aus den fürstlichen Pfründen gelagert, die die wirtschaftliche Grundlage des Chorherrenstifts einzubringen hatten. Zwar lebten die Brüder in Bescheidenheit, aber ihr Schutzherr wollte damit gewährleisten, dass sie ihr geistliches Leben nicht mit wirtschaftlichen Erfordernissen belasten müssen.

Im ersten Stock

Der **Johannes-Brenz-Saal** ist benannt nach dem Reformator Württembergs Johannes Brenz (1499–1570; > S. 51), der mehrfach in Urach weilte und auf der Burg Hohenwittlingen Schutz fand. Hier war der große Hörsaal des Seminars, der auf die 1901 angebaute Küche aufgesetzt wurde. Im Foyer findet sich die **Mörike-Gedenktafel**, 1960 von dem Stuttgarter Künstler Ernst Yelin (1900–1991) geschaffen, dessen Vater Rudolf Yelin d. Ä. (1864–1940) Uracher Seminarist war. Eduard Mörike (1804–1875; > S. 60), zog als Schüler des ersten Jahrgangs 1818–1822 hier ein, wo ihm zwar insgesamt ein schlechtes Zeugnis ausgestellt wurde, das ihn immer auf die letzten Ränge verwies, in Poesie jedoch immerhin „Erfindung und Gewandheit, besonders im Teutschen" bescheinigte. Hier gewann er Freunde fürs Leben, wie Wilhelm Hartlaub (1804–1875) oder Johannes Mährlen (1803–1870). Auf der Tafel ist der Schluss seines großen Gedichts „Besuch in Urach" (1827) notiert, das auch an der Station des Poesiewegs vor dem Stift zu lesen ist und das 1980 den Künstler Andreas Felger (geb. 1935 in Mössingen-Belsen) zu seinem Motiv des Uracher Engels inspiriert hat:

„O Tal, du meines Lebens andre Schwelle,
Du meiner tiefsten Kräfte stiller Herd,
Du meiner Liebe Wundernest, ich scheide,
Leb wohl und sei dein Engel mein Geleite."

Dieses Motiv kehrt auch in seinem Roman „Maler Nolten" (1832) wieder:

„Der Ort, das Haus, das Tal
wo man erzogen wurde,
dünkt uns von einem eigenen Engel behütet,
der hier zurückbleibt,
indem wir uns in die weite Welt zerstreuen."

(Kapitel 52)

Die Kapelle

Waren die Bruderhäuser für ihren Stifter wie die Herzkammer des Landes, so ist dieser besondere Raum die Herzkammer des Einkehrhauses. Seine Ästhetik und seine Konzentration laden ein zu Stille und Einkehr. Als Ort der Tagzeitengebete gibt er den geistigen Takt des Hauses vor. Historisch gesehen war dieser Raum jedoch keine Kapelle – dies wurde er erst mit der Einrichtung des Einkehrhauses 1980. Er ist als die obere Sakristei bereits Teil der Amanduskirche, was die Baunaht vor dem Eingang deutlich macht. Hier war der Aufbewahrungsort für die wertvollen Bücher der Brüder, Handschriften und frühe Drucke, die im Falle eines Feuers in einem steinernen Raum hinter eisenbeschlagener Tür sicherer waren als im Fachwerkbau. Durch die großen Fenster, früher ohne Glas und mit einfacherem Maßwerk, war der Raum zum Chor der Kirche offen, wo im Chorgestühl die Gebete der Brüder erklangen. So sollten Glauben und Wissen, Herz und Kopf auch räumlich zusammen gehören. Nach dem Auszug der Brüder fiel dieser schöne Raum in einen Dornröschenschlaf und wurde nur noch als Lagerraum benutzt, die prächtige spätgotische Türleibung zugemauert. Im Raum sind etliche Steinmetzzeichen und auch noch kaum gedeutete Inschriften von Handwerkern, Seminaristen und anderen zu entdecken. Heute markiert eine hölzerne Tafel am Altartisch die liturgische Farbe im Kirchenjahr. Das Kreuz von Saskia Schultz, Stuttgart (geb. 1978) von 2011 in Schichtglastechnik schlägt einen Bogen von der Anfangszeit in die Gegenwart, indem es das Lebensbaum-Motiv aufnimmt. Darin haben schon die Brüder vom gemeinsamen Leben in mystischer Tradition den Lebensbaum mit dem Paradiesbaum der Erkenntnis von Gut und Böse und dem Kreuz Jesu Christi verbunden. (Zeitgenössisch ist diese Darstellung noch auf einer für Urach gegossenen Glocke von 1495 zu sehen, die sich inzwischen im Kirchturm von Scharenstetten auf der Ulmer Alb befindet.)

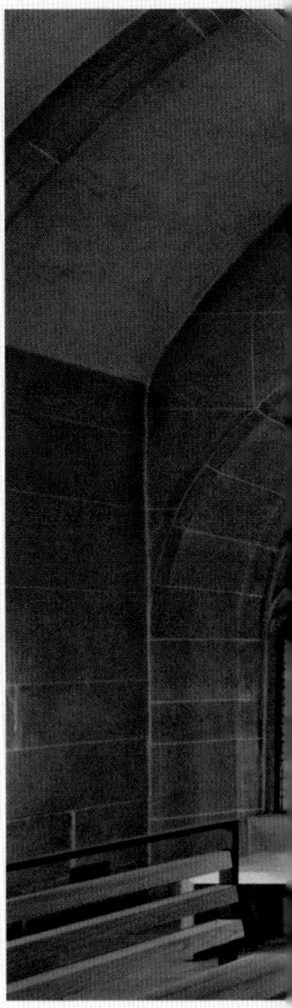

Eine eiserne Tür mit eindrucksvollem Spannschloss führt zur Brudertreppe, die Chorraum und obere Sakristei miteinander verbindet.

Im Westflügel unter dem Dach

Hier wurde 1999 der nach der Mystikerin Hildegard von Bingen (1098–1179; > S. 56) benannte **Meditationsraum** eingerichtet. Er zeigt die besondere Dachkonstruktion des Stifts in einer neuen Spanntechnik, die ohne Stützsäulen auskam.

STIFT URACH HEUTE

Das Einkehrhaus der Evangelischen Landeskirche in Württemberg

Bärbel Hartmann

Menschen sehnen sich nach Orten, an denen sie Ruhe finden, zur Besinnung kommen, Orientierung gewinnen und neue Kraft schöpfen können für ihren Lebensalltag. So ein Ort will das Einkehrhaus Stift Urach sein.
Wie aus den verschiedenen Wurzeln eines Baumes erschließt sich die heutige Konzeption aus der langen Tradition des Hauses:

EINKEHREN – TAGEN – ERHOLEN - FEIERN

Bewusst wurde der Name „Einkehrhaus“ erhalten; in seinem doppelten Wortsinn sind die Mitte und die Weite des christlichen Auftrages erfasst: Einkehren zur inneren Sammlung und neuen Ausrichtung, sowie Einkehren in ein „Gasthaus“, um sich zu stärken und Leben miteinander zu teilen. Sein biblisches Urbild findet dies in der Einkehr Jesu im Haus des Zöllners Zachäus (Lukas 19).

Einkehren

Stift Urach steht in der Tradition der Brüder vom gemeinsamen Leben für modern gelebte Frömmigkeit. Die drei Tagzeitengebete, zu denen alle Gäste eingeladen sind, verleihen dem Tag einen wohltuenden Rhythmus von Beten und Arbeiten, nach dem benediktinischen „ora et labora“. Wie bei Primus Truber im 16. Jahrhundert, gründet sich das Haus im biblischen Wort, im Studium und Austausch zu den Lebensfragen. Die Zeit des evangelischen Seminars findet sich im protestantischen Bildungsauftrag wieder. Stift Urach ist Teil des evangelischen Bildungszentrums der württembergischen Landeskirche. Diesen Auftrag spiegelt das Jahresprogramm: Einkehrtage und Geistlich-Theologische Seminare, Meditationen und Exerzitien, Glaubenskurse, Gebetswochen und Seminare zu Lebensthemen, offene Gästezeiten, Musikalisches und Kreatives, Exkursionen und Wanderungen. Die Angebote richten sich an unterschiedliche Berufsgruppen, wie an Personenkreise in ihrem lebensgeschichtlichen oder familiären Zusammenhang.

Tagen

Fast 200 Jahre war Stift Urach nicht kirchlich, sondern weltlich genutzt durch die Leinenweber. Handwerk und Handel hatten hier ihren Ort. Auch heute öffnet das Einkehrhaus seine Tore weit für Tagungen, Fortbildungen und Kongresse aus Kirche und Diakonie, aus Industrie und Wirtschaft, Verwaltung, Politik, Schule und Gesellschaft.

Erholen
Auch Privatgäste sind immer herzlich willkommen, sei es zu einer persönlichen Auszeit mit seelsorgerlicher Begleitung oder zum Erholungs- oder Wanderurlaub in der schönen Umgebung.

Feiern
Das Leben feiern – eine weitere Seite des Einkehrhauses. Besonders der Gewölbekeller bietet sich an für Feiern unterschiedlicher Art.

Die Mitarbeiterschaft
Rund 30 Mitarbeiterinnen und Mitarbeiter arbeiten im Stift Urach in den Bereichen Küche und Service, Hauswirtschaft und Reinigung, Empfang und Buchhaltung, sowie in der Seminararbeit und Gästebegleitung. Dass Ehrenamtliche sich in unterschiedlichen Arbeitsfeldern mit ihren Gaben einbringen und zwei Fördervereine die Arbeit mittragen, gehört zu den besonderen Merkmalen des Einkehrhauses. Alle gemeinsam setzen sich dafür ein, dass die Gäste des Einkehrhauses sich wohl fühlen und gestärkt an Leib und Seele weiter ziehen können, denn:

„Das ist aller Gastfreundschaft tiefster Sinn:
dass einer dem anderen Rast gebe
auf dem Weg nach dem ewigen Zuhause.“

(Romano Guardini)

DIE GENERALSANIERUNG 2009 – 2012

Martin Oettle

Seit 1980 ist das Stift Urach nun Einkehrhaus, Gästehaus und Tagungsstätte der Evangelischen Landeskirche in Württemberg. Nach über 30 Jahren als Beherbergungsbetrieb waren Veränderungen dringend erforderlich geworden, denn 30 Jahre gehen nicht spurlos an einem Gebäude vorüber. Viele Standards haben sich weiterentwickelt und auch die Bedürfnisse und Anforderungen der Gäste und Mitarbeiter verändern sich rasant. Für die Sanierung investierte die Landeskirche 6,9 Millionen Euro in das Stift Urach und entschied sich damit für die Erhaltung.

Am Klösterlichen orientiert

Im Zuge der notwendig gewordenen umfassenden strukturellen und sicherheitstechnischen Eingriffe ins Gebäude sollte die Modernisierung nicht zu kurz kommen. Mit Behutsamkeit wurde in enger Abstimmung mit den Denkmalbehörden vorgegangen. Die realisierten Gestaltungskonzepte orientieren sich am Einfachen und Schlichten – dem Klösterlichen eben. Und diese klösterliche Schlichtheit prägt nun auch das erneuerte Stift in allen seinen Bereichen bis in die neue Zimmerausstattung, die jedoch bezüglich des Komforts den Vergleich mit Hotels nicht scheuen muss. Bewusst wird jedoch, zur Einkehr führend, auf das Fernsehen im Zimmer verzichtet. Der Speisesaal wurde zum Restaurant umgebaut und erweitert. Jetzt bietet er ganz neue Möglichkeiten der Gastfreundschaft.

Das Gesamtgebäude hat nun aktuelle Standards bezüglich Sicherheit und Brandschutz. Eine Brandmeldeanlage verbindet das Haus automatisch mit der Feuerwehr Bad Urach. Neue Brandschutzdecken, Brandwände und Brandschutztüren erhöhen die Sicherheit der Gäste und Mitarbeitenden. Die Sicherheitsbeleuchtung ermöglicht die Orientierung im Gebäude auch bei Stromausfall.

Der strukturelle Umbau des Hauses begann im ersten Bauabschnitt mit der Zusammenführung von Leitung, Verwaltung und Empfang im zentral gelegenen Ostflügel des Stiftes und ermöglicht kurze, transparente Kommunikationswege.

Das Seminargebäude

Das Seminargebäude am Stift Urach ist ursprünglich ein in den 70er Jahren am Platz der alten Uracher Lateinschule erstelltes Unterrichtsgebäude des evangelischen Seminars, nach seinem markanten Dach „Kupferbau" genannt. Der Sichtbetonbau, als Fremdkörper empfunden, wurde in seiner äußeren Gestaltung grundlegend verändert und dadurch strukturell und gestalterisch in die historische Struktur des Stadtgefüges von Bad Urach integriert. In den großzügigen Dach-

geschossen ist nun das Pastoralkolleg der Evangelischen Landeskirche beheimatet. Historische Bezüge beeinflussten die Materialwahl. Ein handwerklich hergestellter Kratzputz, Holzfenster und unbehandelte Dachziegel schaffen Verbindungen zur Altstadt, dokumentieren aber in der Art ihrer Verwendung auch Modernität und Fortschritt.

Denkmalschutz
Denkmalschutz heute bedeutet nicht mehr nur konservieren, sondern ein Bauwerk mit seiner langen und spannenden Geschichte in der Gegenwart am Leben teilhaben zu lassen, es zu erhalten, es aber auch weiterzuentwickeln, um eine attraktive Nutzung zu ermöglichen.
Wer ist nicht begeistert von den Spuren der Geschichte und der historischen, klösterlichen Anlage, seinem Innenhof mit der alten Linde und der Amanduskirche? So konnten im Umbau auch viele verwischte Spuren wieder aufgenommen und dokumentiert werden und in den neuen Kontext der aktuellen Nutzung gesetzt werden.

Veränderung und Beständigkeit
Nun ist nach dreijähriger Bauzeit wieder Frieden im Stift eingekehrt. Der Baulärm ist wieder der Ruhe und Beschaulichkeit gewichen. Das Stift hat sich nicht nur baulich weiterentwickelt. So ist, wie schon mehrfach in seiner Geschichte, neues Leben ins Stift eingezogen. Veränderung und Beständigkeit ist gleichermaßen spürbar.

EINLADUNG ZUM „GEMEINSAMEN LEBEN“ AUF ZEIT

Das Pastoralkolleg der Evangelischen Landeskirche in Württemberg

Ernst Michael Dörrfuß

Seit April 2010 hat es einen neuen Ort gefunden, das Pastoralkolleg der württembergischen Landeskirche – in neu errichteten und gestalteten Räumen in den beiden Obergeschossen des Seminargebäudes. Die Fenster geben den Blick frei auf den wuchtigen Turm der Amanduskirche und die Abhänge des Albtraufs. Von der Dachterrasse aus kann der Blick über die Dächer der Stadt schweifen, hinüber zum Hohenurach und das Ermstal abwärts.

Einen guten Ort hat das Pastoralkolleg in Bad Urach gefunden – das von 1952 bis 1997 in Freudenstadt und dann im Kloster Denkendorf beheimatet war. „Gut“, weil hier „Klausur“, Rückzug, gelebt werden kann und Konzentration möglich wird, weil das Pastoralkolleg die Gelegenheit bietet, auf- und durchzuatmen. „Gut“, weil die Räumlichkeiten und auch die Umgebung dem Pastoralkolleg in besonderer Weise helfen, seinen Auftrag zu erfüllen: Das Kolleg soll und will Pfarrerinnen und Pfarrern Räume eröffnen zur „Ausspannung und Erquickung“, zur „Vertiefung in Gottes lebendiges Wort“, sowie zur „Begegnung von Schwestern und Brüdern im gleichen Amt“, Räume „zum Austausch guter und schlechter Erfahrungen“, Räume schließlich zur „gründlichen gemeinsamen Besinnung über das Ziel und die Wege unseres Dienstes.“ – So nachzulesen in einem wahrhaft seelsorgerlich-kirchenleitenden Brief, mit dem der damalige Landesbischof, D. Dr. Martin Haug, am 22. August 1952 zum ersten Kurs nach Freudenstadt einlud. – Am Michaelistag, dem 29. September 1952, kamen die eingeladenen „Amtsbrüder“ zum ersten Kurs in Freudenstadt zusammen.

Auch heute – gut sechzig Jahre später – werden die Pfarrerinnen und Pfarrer der Landeskirche alle zehn Jahre zu einem inzwischen zwölftägigen Kurs eingeladen. Bis heute übersteigt die Zahl derer, die sich einladen lassen und kommen wollen, die Zahl der zur Verfügung stehenden Plätze. Aus jedem Dekanat ist pro Kurs nur eine Kollegin oder ein Kollege dabei, in jedem Kurs kommen unterschiedliche Berufsalter zusammen und verschiedene theologische und geistliche Prägungen. Gleichsam drei Schritte zurücktreten können und sollen die Kollegiaten während eines Kurses. So kann es gelingen, den eigenen Standort im Blick auf die eigene Person ebenso zu bestimmen wie im Blick auf das private Umfeld und den Beruf. – Und es kann gelingen, Perspektiven zu entwickeln, Perspektiven für sich selbst, im privaten Umfeld und für das Amt. Über allen Kursen steht dasselbe Thema als Überschrift: „Pastorale Identität“. Um dieser Überschrift gerecht zu werden, um dem

auf die Spur zu kommen was das heißt: „Pastorale Identität" hilft in besonderer Weise das Angebot des „Gemeinsamen Lebens auf Zeit".
Der Begriff „Gemeinsames Leben" ruft in Erinnerung, wem sich die Konzeption des Pastoralkollegs bleibend verdankt: Dietrich Bonhoeffer!
Der hatte 1939 in einem schmalen Büchlein Rückblick gehalten auf ein von ihm 1935 begründetes und geleitetes Projekt. Das Projekt eines Gemeinsamen Lebens mit Vikaren der Bekennenden Kirche in Zingst und Finkenwalde, das schon im Herbst 1937 durch die Geheime Staatspolizei verboten wurde. Mit diesem Versuch wollte Bonhoeffer der im Protestantismus so verbreiteten „Vereinzelung", dem für sich und vor sich hin leben und beten, nachdenken und arbeiten die Idee der Gemeinschaft von Brüdern an die Seite und eben auch: entgegenstellen.
1945 gründete Georg Merz in Neuendettelsau ein erstes Pastoralkolleg. Das württembergische Kolleg folgte recht spät, hat aber bis heute am deutlichsten an der ursprünglichen Konzeption festgehalten.
Während der Kurse leben in der Regel zwölf Pfarrerinnen und Pfarrer unter einem Dach. Beherbergt und verköstigt werden sie durch die Mitarbeitenden von Stift Urach, mit dem das Pastoralkolleg in guter Nachbarschaft lebt.

Wenigstens kurz sei daran erinnert, dass im Stift Urach schon einmal ein Pastoralkolleg angesiedelt war: 1992–2000 das sogenannte „Pastoralkolleg II“. Unter Leitung von Kirchenrat Dr. Karl Rennstich bot dieses Kolleg berufsbegleitende Fortbildungen an, in deren Mittelpunkt Themen des Gemeindeaufbaus und der Verbindung von Theologie und persönlicher Frömmigkeit standen.

Gelebte Frömmigkeit und theologisches Denken kommen im Pastoralkolleg bis heute zu ihrem Recht. Drei Tagzeitgebete schaffen einen spirituellen Rahmen. Gemeinsam wird ein Psalm gelesen – und zwar im hebräischen Urtext; so werden die Teilnehmenden ganz im Wortsinn zu „Kolleginnen und Kollegen“, gemeinsam Lesenden. Der pastoralen Identität auf die Spur kommen wir durch Lektüre, das theologische Gespräch und kollegiale Beratungsrunden. Theologische Impulse geben zudem Studientage mit einem Mitglied der Tübinger Fakultät oder die hauseigene Bibliothek. Eine ausgiebige Mittagspause, Studienfahrt und Wandertag, Musik und freie Zeit, für sich allein oder gemeinsam – dies alles zusammen prägt das „Gemeinsame Leben“ im Pastoralkolleg in Bad Urach, einem Kleinod für Pfarrerinnen und Pfarrer – und einem der ganzen Landeskirche anvertrauten Schatz.

GUTE NACHRICHT
BIBEL
Das Alte Testament
hebräisch-deutsch
Die Bibel
Die Bibel

DIE TAGZEITENGEBETE

Schon seit den Brüdern vom gemeinsamen Leben erklingen im Stift und in der Amanduskirche die gregorianischen Weisen der Tagzeitengebete, in deren Mitte die biblischen Psalmen stehen.
Sie unterbrechen heilsam den Tageslauf, führen zusammen, zum Hören aus der Stille und richten das Leben neu aus. So geben sie den Takt des Einkehrhauses an.
Hier sind drei der klassischen Tagzeiten aufgenommen, die für das Einkehrhaus durch Pfarrer Martin Süßer 1997–2001 bearbeitet wurden.

Morgengebet

Sich einfinden und Gott zuwenden

Im Namen Gottes, des Vaters und des Sohnes und des Heiligen Geistes.
    Amen.
Danken wir Gott für die Ruhe der Nacht und das Licht des neuen Tages.
    Wir kommen vor sein Angesicht und loben ihn mit unseren Liedern.
Gott, öffne uns Herz und Sinne für dein Reden.
    Am Morgen wenden wir uns dir zu und hoffen auf dein Wort.
Dein Engel begleite uns auf unseren Wegen.
    Lass uns sicher gehen. Amen.

PSALM (nach Psalm 108):
Leitvers: Laudate omnes gentes
Gott, mein Herz ist bereit, ich will singen und spielen.
    Wach auf, meine Seele, wach auf, Psalter und Harfe!
    Ich will das Morgenrot wecken.
Ich will dir danken, Herr, unter den Völkern,
ich will dir lobsingen unter den Leuten.
    Denn deine Gnade reicht, soweit der Himmel ist,
    und deine Treue, soweit die Wolken gehen.
(Leitvers)
Ehre sei dem Vater und dem Sohn und dem Heiligen Geist,
    wie im Anfang, so auch jetzt und alle Zeit und in Ewigkeit.
    Amen.
(Leitvers)

Sich von Gott ansprechen lassen

Lesung (auch mit Auslegung) - Stille

Sich und die Welt Gott anvertrauen

Kyrie eleison (gesungen)
Gebet und Fürbitten
Lied

Mit Gott gehen

Gehen wir in den neuen Tag mit dem Lied auf den barmherzigen Gott:
    Durch die herzliche Barmherzigkeit unseres Gottes wird uns
    besuchen das aufgehende Licht aus der Höhe,
damit es erscheine denen, die sitzen in Finsternis und Schatten des Todes,
    und richte unsere Füße auf den Weg des Friedens.
(aus dem Lobgesang des Zacharias: Lukas 1, 78+79)

Segen + Amen

Mittagsgebet

Sich einfinden und Gott zuwenden

Im Namen Gottes, des Vaters und des Sohnes und des Heiligen Geistes.
Amen.
Auf der Höhe des Tages legen wir zur Seite, was uns beschäftigt.
Wir halten inne und wenden uns Gott zu.
Lass uns vor dir gegenwärtig sein, Gott, und Ruhe finden in dir.
Zeig uns deinen Willen für unser Tun und Lassen.
Anfang und Ende bist du. Sei auch die Mitte unseres Lebens.
Unsere Zeit steht in deinen Händen. Amen.
Kanon: Schweige und höre

Sich von Gott ansprechen lassen

Biblisches Wort – Stille

Sich und die Welt Gott anvertrauen

Gebet mit Tischgebet
Lied

Mit Gott gehen

Gehen wir im Frieden Gottes in die zweite Hälfte dieses Tages:
Wie köstlich ist deine Güte, Gott,
dass Menschenkinder unter dem Schatten deiner Flügel Zuflucht haben.
Sie werden satt von den reichen Gütern deines Hauses
und du tränkst sie mit Wonne wie mit einem Strom.
Denn bei dir ist die Quelle des Lebens
und in deinem Lichte sehen wir das Licht.
(Psalm 36, 8-10)

Segen + Amen

Abendgebet

Sich einfinden und Gott zuwenden
Herr, bleibe bei uns,
denn es will Abend werden und der Tag hat sich geneigt.
Komm in unser Haus und erfülle uns mit deinem Frieden,
denn unruhig ist unser Herz, bis es Ruhe findet in dir. Amen.

PSALM (nach Psalm 34):
Leitvers: Herr, gib uns deinen Frieden
Ich will den Herrn loben allezeit; sein Lob soll immerdar in meinem Munde sein.
Meine Seele soll sich rühmen des Herrn, dass es die Elenden hören
und sich freuen.
Als ich den Herrn suchte, antwortete er mir und errettete mich aus aller meiner Furcht.
Die auf ihn sehen, werden strahlen vor Freude und ihr Angesicht
soll nicht schamrot werden.
Der Engel des Herrn lagert sich um die her, die ihn fürchten und hilft ihnen heraus.
Schmeckt und seht, wie freundlich der Herr ist. Wohl denen,
die auf ihn trauen.
(Leitvers)
Ehre sei dem Vater und dem Sohn und dem Heiligen Geist,
wie im Anfang, so auch jetzt und alle Zeit und in Ewigkeit. Amen.
(Leitvers)

Sich von Gott ansprechen lassen
Lesung - Stille

Sich und die Welt Gott anvertrauen
Kyrie eleison (gesungen) - Gebet und Fürbitten - Vaterunser
Lied

Mit Gott gehen
Gehen wir in diesen Abend mit dem Lob auf Gott, den Befreier:
Meine Seele erhebt den Herrn und mein Geist freut sich Gottes, meines Heilandes,
denn er hat die Niedrigkeit seiner Magd angesehen.
Siehe, von nun an werden mich selig preisen alle Kindeskinder.
Denn er hat große Dinge an mir getan, der da mächtig ist und dessen Name heilig ist.
Und seine Barmherzigkeit währt von Geschlecht zu Geschlecht,
bei denen, die ihn fürchten.
(aus dem Lobgesang der Maria: Lukas 1, 46-50)

Segen + Amen

DIE NAMEN DER ZIMMER UND RÄUME

Personen der Kirchengeschichte und Orte der Bibel

Seit der Einrichtung des Einkehrhauses 1980 tragen die Gästezimmer und Seminarräume Namen und laden auch so zur „Einkehr" ein. Im 1. Stock sind es Personen der Kirchengeschichte durch viele Zeiten und Länder, im 2. Stock sind es biblische Orte. Bei wem oder wo bin ich hier zu Gast? Die Renovierung hat die Zusammenstellung von 1980 belassen, nur neue Räume bekamen Namensträgerinnen.
Tafeln enthalten seitdem die wichtigsten Informationen zu Personen und Orten. (Gestaltung: Daniel Rauh, Designbüro geistreich, Schwäbisch Gmünd). Ihre Texte werden hier alphabetisch gesammelt. Autoren sind für die Ortsbeschreibungen Siegfried Kullen, für die Biographien Wolfgang Schöllkopf, für das Pastoralkolleg (Katharina von Bora, Regina Jonas, Charlotte Essich) und die Stadt Jerusalem Ernst Michael Dörrfuß.

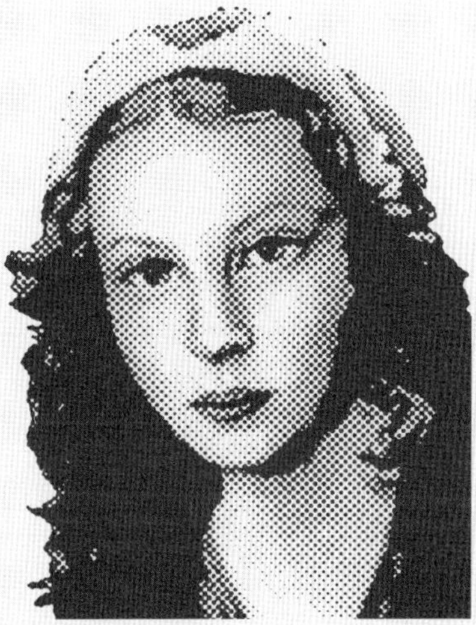

Matthäus Alber
(1495 – 1570)

Der Reformator von Reutlingen wurde 1521 Prädikant in seiner Heimatstadt Reutlingen. Dort nahm die Bürgerschaft im Markteid von 1524 die Reformation an. Alber wurde angeklagt, gebannt und exkommuniziert. 1526 schrieb Luther an Alber und erkannte den für die Reichsstädte typischen evangelischen Prädikantengottesdienst als Form neben der Messe an. Ab 1534 wirkte Alber bei der Reformation in Württemberg mit und übernahm 1543 eine theologische Professur in Tübingen. 1549 wurde er Prediger an der Stuttgarter Stiftskirche und Mitglied des Kirchenrats, bevor er ab 1563 als evangelischer Abt die Klosterschule Blaubeuren leitete und den berühmten Hochaltar vor dem Bildersturm bewahrte. Seine lutherische Position in oberdeutschem Gewand prägte die württembergische Landeskirche.

„Es bedarf nur, dass man sich wegen der Larve dieser Welt nicht entsetze, sondern dem Herrn und seinem Wort nichts nachgebe; wollen also vor allen Dingen Christus unserem Heiland unser Tun und Lassen ganz befehlen."

Anna Magdalena Bach
(1701 – 1760)

Die zweite Frau des Thomaskantors wurde in der Hofmusiker-Familie Wülken in Zeitz geboren. Ihr Vater bildete sie zu einer begabten Sopranistin aus. Als solche lernte sie in Köthen Johann Sebastian Bach kennen, der gerade Witwer mit vier kleinen Kindern geworden war. Sie wurde seine Frau, musikalische Partnerin und Mutter von dreizehn weiteren Kindern. In Leipzig erlebten sie als Kantorenfamilie an der Thomaskirche das Auf und Ab zwischen musikalischen Höhepunkten und kleinlichem Finanzschacher und kollegialem Neid. Wie oft saß Anna Magdalena nachts beim Kopieren der Noten für die nächste Sonntagskantate! Nach Bachs Tod 1750 verfiel sie in Armut und blieb doch innerlich frei und reich.

„Ich sah seine Musik, wie sie zur Welt kam, ich las sie, ehe irgendeines Menschen Auge sie erblickte und Sebastian hat oft mit mir über seine Werke gesprochen."

Johann Albrecht Bengel
(1687 – 1752)

Der pietistische Theologe und Bibelforscher prägte die württembergische Landeskirche maßgeblich. 1713 – 1748 erzog er als Lehrer an der Klosterschule in Denkendorf eine ganze Generation von Pfarrern. Neben dem Unterricht in den biblischen Sprachen befasste er sich mit neutestamentlicher Textforschung. Das Kleinste sollte wahrgenommen werden, aber als Ganzes zusammen bleiben. Aus der Offenbarung des Johannes gewann er ein barockes Zahlensystem der Heilsgeschichte. 1741 wurde Bengel zum Prälat von Herbrechtingen ernannt und 1747 nach Stuttgart berufen, wo er Kraft Amtes einen Sitz im Landtag hatte. Er beheimatete den Pietismus in seiner Kirche.

*„Die Schrift hilft der Kirche auf und trägt sie.
Die Kirche gibt der Schrift Zeugnis und bewahrt sie.“*

Gabriel Biel
(um 1413 – 1495)

Der prägende Propst des Stifts der Brüder vom gemeinsamen Leben in Urach stammte aus Speyer. Er studierte in Heidelberg, Erfurt und Köln. Ihn prägten die Schule von William Ockham und ihr Nominalismus. 1457 wurde Biel Domprediger in Mainz und trat 1468 den Brüdern vom gemeinsamen Leben in Marienthal bei Mainz bei. Als Propst im Brüderhaus in Butzbach/Hessen berief ihn Graf Eberhard im Bart 1478 ins Stift nach Urach. Ab 1484 lehrte Biel als Professor der Theologie in Tübingen. Der letzte große Scholastiker verfasste einen Sentenzenkommentar zu den wichtigsten Glaubensaussagen und ein Werk zur Messe, das auch Luther beschäftigte. 1492 wurde er Propst des Brüderstifts St. Peter auf dem Einsiedel im Schönbuch, wo Gabriel Biel auch begraben wurde.

*„Dilectio Dei super omnia.“
Die Hochachtung Gottes steht über allem.*

Johann Christoph Blumhardt d. Ä.
(1805 – 1880)

Der in Stuttgart geborene Theologe wurde nach seinem Theologiestudium in Tübingen 1830 Lehrer am Missionshaus in Basel. Ihn prägte die Erweckungsbewegung und er prägte ihr den weiten Horizont der Reich-Gottes-Hoffnung ein, die sein Sohn Johann Christoph Blumhardt d. J. (1842–1919) dann auch in ihre politische Dimension übersetzte. 1838 wurde Vater Blumhardt Pfarrer in Möttlingen bei Calw, wo die Magd Gottliebin Dittus nach langem Leiden geheilt wurde und die Gemeinde darüber aufwachte. 1852 übernahm er als Ort der Seelsorge und Heilung das Kurhaus von Bad Boll. Christen sah er als Protestleute gegen den Tod. Seine Lebensmelodie steht in seinem Gesangbuchlied: „Dass Jesus siegt, bleibt ewig ausgemacht, sein wird die ganze Welt“ (EG 375).

„Das ist's, was den Leuten gefällt. Sie wissen oft nicht, (...) warum sie so gerne hier sind - ob die Luft so gut sei, oder die Stuben so behaglich, oder das Essen so gut, oder das gemeinsame Zusammenleben ... Ich will es euch heute sagen: es ist ein Ewigkeitsdach über unserem Hause.“

(Blumhardt der Jüngere in der Morgenandacht am 16. 7. 1886, dem 81. Geburtstag des Vaters, über das Kurhaus in Bad Boll)

Friedrich von Bodelschwingh
(1831 – 1910)

Der Gründer einer großen diakonischen Anstalt stammte aus westfälischem Landadel und wuchs in Berlin auf. Zum Gutsherrn bestimmt, hörte er bei einem Missionsfest einen Ruf und nahm 1854 das Theologiestudium auf. Als Auslandspfarrer in Paris kümmerte er sich um sozial Benachteiligte. 1869 starben den Eheleuten alle vier Kinder an Diphtherie. 1872 zog Bodelschwingh in Bethel bei Bielefeld auf. Aus zwei Heimen für Epileptiker wuchs eine diakonische Stadt mit über 7.000 Menschen. Alle Gebäude trugen biblische Namen. Bodelschwingh begründete die Arbeitstherapie für Menschen mit Behinderungen und auch für Alkoholkranke und sah in ihnen Geschöpfe Gottes. Um eine soziale Gesellschaft zu gestalten und für die Benachteiligten einzutreten, begab er sich in die Politik und wurde preußischer Landtagsabgeordneter. Die eigenen Kinder wurden ihm genommen, viele ihm und den Seinen dafür anvertraut.

„Es ist nicht wahr, dass die Ewigkeitshoffnung die Christen zu Träumern und Phantasten macht. Im Gegenteil - je entschlossener wir auf die neue Welt warten, desto praktischer, nüchterner, schlichter wird sich unser Leben hier gestalten.“

Dietrich Bonhoeffer

(1906 –1945)

Der Theologe und Widerstandskämpfer wurde in Breslau geboren und ist in Berlin aufgewachsen. Seine väterlichen Vorfahren stammten aus Schwäbisch Hall und sein Theologiestudium führte ihn auch nach Tübingen. Kritisch verfolgte er die politische Entwicklung und hielt Kontakt zu Widerstandskreisen. Auslandsdienste in Barcelona, New York und London weiteten seinen Horizont. Ab 1935 leitete er das Predigerseminar der Bekennenden Kirche in Finkenwalde, wo nach seinem Entwurf „Gemeinsames Leben“ gestaltet wurde. Der Theologe verband systematisches Denken, tiefe Frömmigkeit und Leben in der Nachfolge. 1943 wurde er wegen Zugehörigkeit zum Widerstand verhaftet. In der Haft entstanden Briefe, Gedichte und Lieder. Am 9. April 1945 wurde Dietrich Bonhoeffer im Konzentrationslager Flossenbürg hingerichtet.

„Es ist nicht unsere Sache, den Tag vorauszusagen – aber der Tag wird kommen –, an dem wieder Menschen berufen werden, das Wort Gottes so auszusprechen, dass sich die Welt darunter verändert und erneuert. Es wird eine neue Sprache sein, vielleicht ganz unreligiös, aber befreiend und erlösend, wie die Sprache Jesu ...“

(aus: Gedanken zum Tauftag von Dietrich Wilhelm Rüdiger Bethge, Brief aus der Haft, Mai 1944)

Katharina von Bora

(1499 –1552)

Als Tochter einer Familie des sächsischen Landadels vermutlich am 29. Januar 1499 geboren, wuchs Katharina von Bora seit 1504 in Klöstern auf, die längste Zeit bei den Zisterzienserinnen in Nimbschen bei Grimma. Nach ihrer Flucht aus dem Kloster heiratete sie im Sommer 1525 Martin Luther. Sie wurde Mutter von sechs Kindern und stand dem Haushalt im ehemaligen Augustinerkloster zu Wittenberg vor, bewirtschaftete die umfangreichen Ländereien und sorgte für das Auskommen der Familie und die Bewirtung zahlreicher Gäste. Nach Luthers Tod in wirtschaftliche Not geraten, musste Katharina Wittenberg mehrmals verlassen. Auf der Flucht vor der Pest verunglückte sie vor den Toren Torgaus und starb dort am 20. Dezember 1552.

„Meiner freundlichen lieben Hausfrau Katharina Luther von Bora, Predigerin, Brauerin, Gärtnerin und was sie mehr sein kann. Gnade und Friede!“

(aus einem Brief Luthers an seine Frau)

Johannes Brenz
(1499 –1570)

Der Reformator Württembergs wurde in Weil der Stadt geboren, wie ein anderer großer Württemberger: Johannes Kepler. Beim Theologiestudium in Heidelberg lernte er bei einer Disputation Martin Luther kennen. 1523 wurde er als Prädikant in die Reichsstadt Schwäbisch Hall berufen, wo er 26 Jahre lang wirkte. In Predigten zu den Streitthemen der Reformation machte Brenz die Quellen des Umbruchs und seinen Standpunkt deutlich. Es entstanden sein berühmter Katechismus, die Auslegungen biblischer Bücher und die Kirchenordnung. Im Interim, als der Kaiser alle reformatorischen Einrichtungen rückgängig machte, floh Brenz auch auf den Hohenwittlingen bei Urach. Hier entstanden seine Auslegungen zu den Psalmen 93 und 130. Herzog Christoph berief ihn 1552 an die Stuttgarter Stiftskirche, wo er als Propst das reformatorische Werk vollendete, durch das württembergische Bekenntnis und die große Kirchenordnung. Seiner Landeskirche schrieb er eine ganz auf das Wort zentrierte, klare lutherische Theologie ins Stammbuch.

„So gelten alleyn zwey ding: glauben und lieben."

(aus der Haller Kirchenordnung 1526)

Else Breuning
(1905 –1999)

Die Theologin der ersten Jahre erlitt und erstritt mit einigen Gefährtinnen den Zugang der Frauen zum Pfarramt. Nach dem Studium durfte sie nur „höher geprüfte kirchliche Religionshilfslehrerin", später „Pfarrgehilfin" werden. Erst in den Kriegsjahren mit ihrem Pfarrermangel konnte sie die Pfarrei in Ottmarsheim versehen. Davor und danach bildete sie in Ludwigsburg und Denkendorf Gemeindehelferinnen aus. Mit der Einführung der Frauenordination und der Gleichstellung der Frauen im Pfarramt wurde auch ihr der Titel „Pfarrerin" verliehen, 1968, als sie gerade in den Ruhestand trat. 30 Jahre lang leitete sie den württembergischen Theoginnnenkonvent und setzte sich als Vertrauensvikarin (!) für die Rechte ihrer Amtsschwestern ein.

„Männern ist der Zutritt verboten."

(Kirchenamtliches Schild an der Tübinger Schlosskirche während der Examenspredigt von Else Breuning 1929)

Johannes Calvin

(1509 – 1564)

Der Reformator von Genf studierte 1534 nach einem Bekehrungserlebnis evangelische Theologie in Basel. Er verfasste 1536 mit der „Institutio“ eine umfangreiche und detaillierte Glaubenslehre. Nach einem Aufenthalt in Straßburg leitete er ab 1541 die Reformation in Genf. Die Stadt sollte zum Abbild einer christlichen Gemeinschaft werden. Für dieses Ideal erließ er strenge sittliche Regeln. 1559 gründete Calvin die Genfer Akademie, da Glauben und Bildung zusammen gehören und beides zu verantwortlichem Handeln führt. Von Genf aus verbreitete sich das reformierte Christentum über die ganze Welt.

„Es gibt kein anderes Band kirchlicher Einheit, als wenn der Herr Christus, der uns mit Gott Vater versöhnt hat, uns in die Gemeinschaft seines Leibes aus dieser Aufspaltung wieder sammelt, auf dass wir so durch sein eigenes Wort und einen Geist zu einem Herzen und einer Seele zusammenwachsen möchten.“

(aus: Brief an Kardinal Sandolet, Straßburg 1539)

Helmut Claß

(1913 – 1998)

Als württembergischer Landesbischof (1969–1979) und Ratsvorsitzender der EKD (1973–1979) hatte Helmut Claß in einer Zeit zunehmender Polarisierung im Protestantismus kirchenleitende Verantwortung übernommen. Der Lehrersohn aus Geislingen an der Steige, der Krieg und Gefangenschaft als „besondere Hochschule“ bezeichnete, war zuvor Landesjugendpfarrer und theologischer Leiter der Ev. Diakonieschwesternschaft Herrenberg gewesen. Bei ihm verband sich ein bodenständiger schwäbischer Pietismus mit ökumenischer Weite und diakonischer Wachsamkeit für die Herausforderungen der Zeit. So führte er den Flügeln der Kirche die verbindende Mitte vor Augen. Er sah in Stift Urach den durch seine Tradition geistgewirkten Ort, das Einkehrhaus der Landeskirche zu gründen.

*„Dreierlei ist mir im Laufe meines Lebens als das Wesentliche vor Augen getreten:
Die Heimkehr ins Wort, die Hinkehr zur Kirche, die Umkehr zur Welt.“*

(erstellt mit Beratung durch Dr. Gottfried Claß)

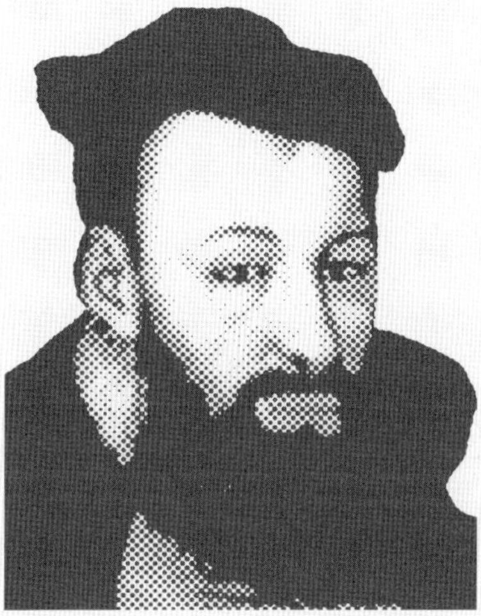

Herzog Christoph von Württemberg
(1515 – 1568)

Der im Uracher Schloss geborene Regent floh mit seiner Mutter, Sabine von Bayern, vor seinem Vater Herzog Ulrich und wuchs an den Höfen von Innsbruck, München und Paris auf, bis er 1542 die Statthalterschaft von Mömpelgard übertragen bekam. 1544 verheiratete er sich mit Anna-Maria von Brandenburg-Ansbach, die zwölf Kinder zur Welt brachte. Ab 1550 regierte Christoph in Württemberg, das noch bis 1599 habsburgisches Lehen blieb. Mit der Berufung von Johannes Brenz als Propst an die Stuttgarter Stiftskirche und der Großen Kirchenordnung 1559 vollendete er die Reformation und gestaltete für lange Zeit das evangelische Württemberg.

Zeitlebens erfreute er sich an Essen und Trinken, zuweilen, seiner Zeit durchaus gemäß, auch über die Maßen des sonst so maßvollen Regenten!

„Hier schicke ich dir ein Fass voll Metzinger Weines, denn der Brackenheimer ist erfroren; bedenke im Guten: Essen und Trinken hält Leib und Seele zusammen!“

(An Herzog Albrecht von Bayern, 1554)

Graf Eberhard im Bart
(1445 – 1496)

Der im Uracher Schloss geborene Regent wurde zum Gestalter des Herzogtums, indem er die Residenz Urach ausbaute, die Ständepolitik stabilisierte und zum geistigen Aufbau die Brüder vom gemeinsamen Leben ins Land holte. 1468 zog er als junger Mann zu einer Wallfahrt ins Heilige Land. 1474 verheiratete er sich mit Barbara Gonzaga von Mantua. Die 1477 gegründete Universität Tübingen wurde zum geistigen Zentrum. Seit 1442 geteilt, vereinte Eberhard die Grafschaft wieder im Münsinger Vertrag von 1482. Als Anerkennung wurde er 1495 zum ersten Herzog Württembergs erhoben. Nach seinem Tod wurde er neben Gabriel Biel auf dem Einsiedel in der blauen Kutte der Brüder begraben und erst 1537 in die Tübinger Stiftskirche überführt. Er führte das Land in die Neuzeit.

„Eberhard, der mit dem Barte,
Württembergs geliebter Herr,
Sprach: Mein Land hat kleine Städte,
trägt nicht Berge silberschwer;
Doch ein Kleinod hält's verborgen:
dass in Wäldern noch so groß
Ich mein Haupt kann kühnlich legen
jedem Untertan in Schoß.“

(aus dem Lied: Preisend mit viel schönen Reden, von Justinus Kerner, Der reichste Fürst, 1818)

Charlotte Essich
(1912 – 2008)

Am 18. April 1912 in Oberndorf am Neckar geboren, studierte Charlotte Essich 1931–1936 Evangelische Theologie in Tübingen, Rostock, Bonn und Erlangen und engagierte sich schon während des Studiums bei der Bekennenden Kirche. Ihrem Fakultätsexamen 1936 schloss sich eine kirchliche Beschäftigung als „Praktikantin" und „Pfarrgehilfin" und ab 1940 eine Krankenpflegeausbildung an. 1944 kann sie die Zweite Kirchliche Dienstprüfung ablegen, darf sich einen Talar umschneidern lassen und predigen. 1945–1948 arbeitete Charlotte Essich an der Michaelskirche in Schwäbisch Hall, 1948–1974 war sie beim Evangelischen Gemeindedienst in Stuttgart in der Abteilung Frauenhilfe tätig. Erst 1968 darf sie den Titel „Pfarrerin" führen. In ihrer Arbeit mit Frauen stand die Bibelarbeit im Zentrum – und die Ermutigung zur Hoffnung und Freiheit. Am 18. Juli 2008 starb Charlotte Essich in Tübingen.

Franziskus von Assisi
(1182 – 1226)

Der Begründer des nach ihm benannten Bettelordens war der Sohn reicher Kaufleute im italienischen Assisi. Er lebte in Luxus, bis er das Werk Christi für sich erkannte. Fortan predigte und lebte er mit seinen Ordensbrüdern in der Nachfolge Christi, arm und unabhängig von materiellen Werten. In diese Nachfolge rief er auch die Kirche, die zwar mächtig, aber inhaltslos und unsicher geworden war. Dennoch blieb er ihr gehorsam verbunden. 1223 wurde der Franziskanerorden anerkannt. Viele Geschichten ranken sich um Franz' Wirken für die Armen. Seine Worte künden von der Freude an Gottes ganzer Schöpfung. Sein Leben in Askese belegte seine Worte und bezeugte seinen Herrn.

„Sei gepriesen, denn du, Herr, schufst den Menschen!
Sei gepriesen, er ist dein Bild der Liebe!
Sei gepriesen für jedes Volk der Erde!
Sei gepriesen, denn du bist wunderbar, Herr!"

(aus dem „Sonnengesang", nach dem Lied „Laudato Si": EG 515, 6)

Paul Gerhardt

(1607 - 1676)

Der Pfarrer und Liederdichter hat wie kein anderer dem evangelischen Glauben in seinen Liedern eine Stimme gegeben. „Geh aus mein Herz“, „Befiehl du deine Wege“, „Ich steh an deiner Krippe hier“ gehören zu seinen großen Liedern, die viele inwendig und auswendig bei sich tragen. Ihn prägte ein schweres Leben, in dem er mit 14 Jahren Waise und mit 61 Jahren Witwer wurde, die Schrecken des Dreißigjährigen Krieges erfuhr und vier seiner Kinder sterben sah. Als Pfarrer in Berlin ab 1657 traf er mit Kantor Johann Crüger zusammen und setzte seine Glaubenshoffnung in unsterbliche Töne.

„Ich hang und bleib auch hangen
an Christus als ein Glied;
Wo mein Haupt durch ist gangen,
da nimmt er mich auch mit.
Er reißet durch den Tod,
durch Welt, durch Sünd, durch Not,
Er reißet durch die Höll,
ich bin stets sein Gesell.“

(aus dem Oster-Lied „Auf, auf mein Herz mit Freuden“: EG 112, 6)

Albrecht Goes

(1908 - 2000)

Bei den Büchern ist er zu Hause, der schwäbische Pfarrer und Schriftsteller. Ab 1922 war er Seminarist in Schöntal und Urach. Nach seinem Theologiestudium verheiratete er sich mit Elisabeth Schneider (1911–2007); ihnen wurden drei Töchter anvertraut. Als Pfarrer in Unterbalzheim und Gebersheim pflegte Goes die württembergische Wortkultur, daheim in der „Vierfalt“ von Musik, Dichtung, Theologie und Politik („Menschensorge“). Seine Erlebnisse als Soldat und Seelsorger im Krieg verarbeitete er in Erzählungen wie „Unruhige Nacht“ (1949) oder „Das Brandopfer“ (1953). Goes gehörte zu den ersten, die das Unrecht an Menschen jüdischen Glaubens thematisierten. „Aber zuweilen muss einer da sein, der gedenkt“ (aus „Das Brandopfer“). Der jüdische Religionsphilosoph Martin Buber war sein Freund, Mörike und Mozart nannte er seine nächsten Gefährten. Ab 1953 war Goes freier Schriftsteller mit einem Predigtauftrag in Stuttgart. Seine aus biblischen Wurzeln gewonnenen Worte wirken weiter.

Barbara Gonzaga

(1455 – 1503)

Die Gemahlin Graf Eberhards stammte aus einer hohen italienischen Fürstenfamilie mit Sitz in Mantua in der Po-Ebene. Sie sollte nach dem Willen ihrer Familie mit einem bedeutsamen Fürsten des Reiches verheiratet werden. 1474 fanden die prunkvolle Hochzeit und ihr Einzug ins Uracher Schloss statt. Die gebildete Fürstin brachte Ideen und Formen der italienischen Renaissance ins Land mit. Sie setzte sich für Bildung und Fürsorge ein. Ihr einziges früh verstorbenes Kind und das Leben in der Fremde belasteten sie. Die Witwenzeit ab 1496 verbrachte sie im Schloss in Böblingen, begraben wurde sie im Dominikanerinnenkloster in Kirchheim/Teck. Sie hat dem Land, in dem sie fremd blieb, vieles mitgebracht.

„Unzufrieden bin ich nicht, doch gibt es zuweilen Kummer, aber wer hat den nicht? Insgesamt ist mein Leben in Urach sehr erträglich („molto tolerabile").“

(Aus einem lateinischen Brief aus Urach an ihre Mutter Barbara, eine geborene Markgräfin von Brandenburg-Ansbach, Dezember 1474)

Hildegard von Bingen

(1098 – 1179)

Die große Mystikerin wurde bei Alzey am Rhein geboren und als zehntes Kind ihrer Eltern für den geistlichen Stand bestimmt. Als Benediktinerin zog sie in das Kloster Disibodenberg an der Nahe. Früh wurden ihre Begabungen und auch ihre Originalität deutlich. Aus ihren Visionen, in ihrem Werk „Scivias“ („Wisse die Wege“) beschrieben, inspirierte sie Theologie, Heilkunde und Musik. Den Schöpfer und seine Schöpfung sah sie als Einheit und Kraft. In der Botanik und Astronomie erkannte sie seine Ordnung im Kleinen und Großen. Den Mächtigen redete sie ins Gewissen. Mit den Weisen tauschte sie sich aus. Um 1147 gründete sie Kloster Rupertsberg bei Bingen und 1165 Kloster Eibingen bei Rüdesheim, wo sie auch begraben wurde. Auf ihren großen Predigtreisen kam sie 1170 auch in die Klöster von Hirsau, Maulbronn, Kirchheim/Teck und Zwiefalten.

„Drei Pfade hat der Mensch in sich, in denen sich sein Leben tätigt: die Seele, den Leib und die Sinne.“
„Der Mensch baue seinen Leib als ein wohnliches Haus, damit die Seele gern darin wohnt.“

Ludwig Hofacker
(1798 – 1828)

Dem großen Prediger des württembergischen Pietismus war nur eine kurze, aber intensive Lebenszeit bestimmt. Als Pfarrerssohn in Wildbad geboren, stellte er nach schwerer Krankheit 1820 sein Leben in den Dienst Jesu. Er wurde Vikar in Plieningen und Pfarrer in Stetten im Remstal und an der Leonhardskirche in Stuttgart. 1826 übernahm er die Pfarrstelle in Rielingshausen bei Marbach. Seine sprachliche Begabung und geistliche Tiefe zog viele Menschen unter seine Kanzeln, obwohl er ernste Entscheidung und sittliche Strenge verlangte. Dabei wollte er nicht zu sich, sondern zu Christus rufen. Er sah sich darin in der Rolle Johannes des Täufers:

„Die Leute machen viel aus mir und ich gefalle mir nicht selten darin; es gibt aber keine größere Sünde für einen Prediger als die Selbstgefälligkeit. Ich muss abnehmen, Christus aber muss zunehmen. (...) Es ist schade um die vielen Worte, die man auf den Kanzeln macht, die nicht auf Ihn gehen.“

Regina Jonas
(1902 – 1944)

Am 3. August 1902 in Berlin geboren, studierte Regina Jonas an der dortigen Hochschule für die Wissenschaft des Judentums. Im Sommer 1930 bestand sie die Abschlussprüfung, wurde jedoch erst 1935 durch den Offenbacher Rabbiner Dr. Max Dienermann zur Rabbinerin ordiniert. Damit war sie die erste in Deutschland praktizierende Rabbinerin und die erste ordinierte Rabbinerin weltweit. In Berlin zunächst als Religionspädagogin der jüdischen Gemeinde tätig, übernahm sie nach 1938 im Umland auch Predigtaufgaben. Nach ihrer Deportation ins KZ Theresienstadt im November 1942 wirkte sie dort weiter als Seelsorgerin, Predigerin und durch Vorträge. Am 12. Dezember 1944 wurde Regina Jonas in Auschwitz ermordet.

„Ich kam zu meinem Beruf aus dem religiösen Gefühl, dass Gott keinen Menschen unterdrückt, dass also der Mann nicht die Frau beherrscht ...“

Søren Kierkegaard
(1813 - 1855)

Der Religionsphilosoph des Existenzialismus stammte aus der dänischen Hauptstadt Kopenhagen. Nach einer Lebenskrise legte er erst 1840 das theologische Examen ab. Er ging nicht ins Pfarramt, sondern blieb Privatgelehrter. Sein tiefgründiges, umfangreiches literarisches Werk entstand zum großen Teil in Berlin. Der Mensch versteht nach Kierkegaard seine Existenz im Gegenüber zu Gott und erkennt dabei seine Unzulänglichkeit. Nur weil Gott selbst in Christus in die Zeit gekommen ist, kann der Mensch ihm begegnen. In seinen „Reden" verbreitete Kierkegaard seine Entdeckungen des Unsagbaren. Einen oberflächlichen Glauben und die laue Amtskirche kritisierte er scharf. Mit nur 42 Jahren stirbt er und gibt noch immer viel zu bedenken.

„Als mein Gebet immer andächtiger und innerlicher wurde, da hatte ich immer weniger und weniger zu sagen. Und zuletzt wurde ich ganz still."

Graf Konrad von Urach
(um 1180 - 1227)

Als Nachkomme des durch Heirat mit dem Haus Zähringen bedeutsam gewordenen Uracher Grafengeschlecht trat Konrad in den geistlichen Stand. Er wurde Mönch der Zisterzienser und 1214 Abt des berühmten Klosters Clairvaux. 1217 übernahm er mit dem Abtsstuhl des Mutterklosters Citeaux, das dem Orden seinen Namen gab, zugleich die Oberleitung aller sich damals stark ausbreitenden Zisterzienserklöster. 1219 erhielt er die Würde eines Kardinals. Bei seinem letzten Besuch in der Uracher Heimat 1226 leitete er die Gründung des Klosters Güterstein in die Wege. In seinem Todesjahr gehörte er zu den Kandidaten für die Papstwahl. Aus dem kleinen Urach stammend, gestaltete er die große mittelalterliche Welt mit.

„Sooft er eine Stunde für die Einsamkeit retten konnte, gab er sich der Betrachtung göttlicher Dinge hin. Nach Belieben konnte er sich ganz den weltlichen Geschäften und gleich darauf, nicht minder voll, den geistlichen Dingen widmen."

(Der Dominikaner Thomas von Cantimpré (um 1201 - um 1270) über Graf Konrad)

Johannes Kullen d. Ä.

(1787 - 1842)

Der begabte Lehrer stammte aus der bekannten Hülbener Stunden-Familie. Sein Vater begründete dort eine Bibelstunde mit weiter Wirkung. Johannes wuchs in den Umbrüchen der Französischen Revolution, der Aufklärung und der Kriege Napoleons auf. In Neuffen erlernte er den Lehrerberuf. Als Lehrergehilfe in Lauffen am Neckar erkrankte er schwer. Wunderbar genesen, übernahm er nach einer Zeit an der Knabenschule in Metzingen zuerst die Schule und dann das Töchterinstitut im 1819 gegründeten Korntal. Als begnadeter Pädagoge achtete er auf die innere Entwicklung seiner Schützlinge. Das württembergische Stundenwesen fasste er als Gemeinschaftspfleger in den Monatskonferenzen zusammen. Seine Ernennung zum Pfarrer in Wilhelmsdorf traf an seinem Beerdigungstag in Korntal ein.

„Die seligste Badekur ist, wenn es einem vergönnt ist, sich in dem Meer des göttlichen Erbarmens unterzutauchen."

(erstellt mit Beratung durch Dr. Siegfried Kullen)

Martin Luther

(1483 - 1546)

Der in Eisleben geborene und auch verstorbene Reformator war vierzehnjährig 1497 als Schüler bei den Brüdern vom gemeinsamen Leben in Magdeburg. Ab 1512 versah er eine biblische Professur in Wittenberg. Am 31. Oktober 1517 veröffentlichte er seine 95 Thesen für die Buße und gegen den Ablass. Er rang um die Erneuerung seiner Kirche. Exkommuniziert und gebannt, wurde er 1522 auf der Wartburg in Schutzhaft genommen, wo er das Neue Testament ins Schriftdeutsche übersetzte. 1525 verheiratete sich der ehemalige Mönch mit der ehemaligen Nonne Katharina von Bora (> S. 50). 1528 erschien sein Katechismus, 1534 die vollständige Ausgabe der Bibel, der sein ganzes Wirken galt.

„Ein Christ ist ein freier Mensch und niemandem untertan - im Glauben.
Ein Christ ist ein dienstbarer Knecht und jedermann untertan - in der Liebe."

(aus: Von der Freiheit eines Christenmenschen, 1520)

Martin Luther King

(1929 – 1968)

Der baptistische Pfarrer wurde zur Symbolfigur der Befreiung aller Farbigen in Amerika. Als Pfarrersohn in Atlanta geboren, erlitt er selbst den diskriminierenden Umgang der Weißen mit den Farbigen im Alltag. Wie schon sein Vater, trug er den Namen des Reformators und setzte seine Kraft, die ihm aus dem Evangelium zukam, für die Befreiungsbewegung ein. Als Pastor in Montgomery und Atlanta rief er zum gewaltfreien Widerstand auf. Mehrfach verhaftet, geschmäht und mit dem Tod bedroht, erhielt er 1964 den Friedensnobelpreis. Am 4. April 1968 wurde er bei einem Streik in Memphis, gerade 39 Jahre alt, von einem Rassisten erschossen. Sein Traum aber wurde Wirklichkeit.

„Ich habe einen Traum, dass eines Tages die Söhne ehemaliger Sklaven und die Söhne ehemaliger Sklavenhalter am Tisch der Brüderlichkeit sitzen werden. Ich habe den Traum, dass meine vier Kinder eines Tages in einer Nation leben werden, wo man sie nicht nach der Farbe ihrer Haut, sondern nach dem Charakter beurteilt."

(aus: „I have a dream", Rede beim Marsch nach Washington am 28. August 1963; auch in: EG S. 517)

Eduard Mörike

(1804 – 1875)

Der in Ludwigsburg geborene Dichter und Pfarrer war als Schüler des ersten Jahrgangs 1818–1822 im Seminar Urach, wo ihm zwar insgesamt ein schlechtes Zeugnis, jedoch in Poesie immerhin „Erfindung und Gewandheit, besonders im Teutschen" bescheinigt wurden. Hier gewann er Freunde fürs Leben. Nach dem Vikariat, u. a. in Owen/Teck und Ochsenwang, wurde Mörike 1834 Pfarrer in Cleversulzbach, ließ sich jedoch bereits 1843 pensionieren. Der Wortkünstler war ein Grenzgänger; seine Verse klingen zwischen Tragik und Komik.

„Bin herauf zu dir gekommen,
wo ich oft der Welt vergaß,
Gerne sinnend bei dem frommen
roten Kerzenschimmer saß.
Weil ich drunten mich verliere
in dem Treiben bang und hohl,
Schließe dich, du kleine Türe,
und mir werde wieder wohl!"

(aus dem Gedicht „In der Hütte am Berg" auf Mörikes Uracher Hütte „Sorgenfrei")

Margarete Schneider
(1904 – 2002)

Die Ehefrau des „Predigers von Buchenwald" wurde als zehntes Kind der Pfarrfamilie Dieterich in Wildberg geboren. Seit 1926 mit dem rheinischen Pfarrer Paul Schneider verheiratet, stand ihm die Mutter von sechs Kindern in den Gemeinden Hochelheim bei Wetzlar und Dickenschied auf dem Hunsrück in allen Auseinandersetzungen mit Nationalsozialisten und ‚Deutschen Christen' bei. Als ihr Mann im Konzentrationslager Buchenwald gequält wurde, rief er aus dem Bunker den Mithäftlingen Trostworte zu, bis er am 18. Juli 1939 ermordet wurde. Ihren gemeinsamen Glauben bezeugte auch Margarete Schneider, als Initiatorin in der Frauenhilfe, als Mahnerin für Frieden und Toleranz und Seelsorgerin für viele.

„Durch unser Geschick werden wir in einer heilsamen Unruhe gehalten. Und wenn wir auch unterwegs auf dieser Wanderschaft manche Träne vergossen haben, so überwiegt doch der Dank und die Freude, in seinem Dienst zu stehen."

(erstellt mit Beratung durch Paul Dieterich)

Sophie Scholl
(1921 – 1942)

Die Widerstandskämpferin wurde in Forchtenberg am Kocher geboren. Ihr Vater Robert Scholl gab ihr kritisches Denken, ihre Mutter Magdalena Scholl, geborene Müller, eine Haller Diakonisse, tiefen Glauben mit. 1932 zog die Familie mit den fünf Kindern nach Ulm. Ihre jugendliche Begeisterung nutzte der Nationalsozialismus in den Jugendverbänden für seine Zwecke aus. Ab 1942 studierte Sophie in München Biologie und Philosophie und fand sich mit ihrem Bruder Hans und mehreren Dozenten zur Widerstandsgruppe „Weiße Rose" zusammen. In insgesamt sechs Flugblättern appellierten sie an die Bildungstradition der Deutschen und an ihr Gewissen. Beim Austeilen des sechsten Flugblatts wurden Hans und Sophie Scholl verhaftet. Sie starben durch das Fallbeil am 22. Februar 1942 für ihre Überzeugung und sind bis heute für viele Menschen ein Vorbild, das Mut macht, ein waches Gewissen, intensive Freundschaften, kritisches Denken und einen tiefen Glauben zu leben.

„Wir schweigen nicht, wir sind euer böses Gewissen, die Weiße Rose lässt euch keine Ruhe!"

(Flugblatt Nr. 4)

Philipp Jakob Spener
(1635 – 1705)

Der bedeutende Theologe des lutherischen Pietismus wurde im elsässischen Rappoltsweiler geboren und studierte in Straßburg. Neben der Theologie wurde er Spezialist für Heraldik (Wappenkunde). Nach Studienreise und Promotion übernahm er eine Pfarrei in Straßburg und heiratete; den Eheleuten wurden elf Kinder anvertraut. Ab 1666 Pfarrer in Frankfurt am Main und Senior (Dekan) der dortigen Pfarrerschaft, entwarf er sein Programm zur Erneuerung von Pfarrstand und Kirche, in dessen Mitte das Bibelstudium stand. Er gründete dazu die „collegia" für Pfarrer, aus denen die „Stunde" für alle erwuchs. 1686 wechselte Spener als Oberhofprediger nach Dresden, danach an St. Nicolai in Berlin. Mehrfach besuchte er auch Württemberg. Seine Programmschrift „Pia Desideria oder Hertzliches Verlangen nach … Besserung der … Kirche" von 1675 gilt als Grundlage für die Reformen des Pietismus.

„Es ist nicht genug, dass dein Ohr das göttliche Wort nur hört, vielmehr dass du solches auch innerlich in dein Herz dringen und solche himmlische Speise da verdauet werden lässt, damit du Saft und Kraft daraus empfängst."

(aus: Pia Desideria, 1675)

Margarete Steiff
(1847–1909)

Die Unternehmerin aus Giengen an der Brenz war mit eineinhalb Jahren an der unheilbaren Kinderlähmung erkrankt und saß seitdem im Rollstuhl. Dennoch ging sie zur Schule und erlernte das Handwerk der Näherin. Ein Elefant aus Filz als Nadelkissen wurde das erste „Steiff-Tier". 1902 entwickelte Margaretes Bruder einen Spielzeug-Bär mit beweglichen Armen und Beinen, der den Namen „Teddy", nach dem amerikanischen Präsidenten Teddy Roosevelt erhielt. Die Produktion der Steiff-Tiere mit dem Knopf im Ohr gab in Giengen über 400 Menschen Arbeit in einem modernen, hellen Fabrikgebäude. Dazu gehörten auch 1.800 Frauen in Heimarbeit. Margarete Steiff meisterte ihr behindertes Leben mit Hilfe ihres Glaubens und wurde zur Hoffnung für viele.

„Für Kinder ist das Beste gerade gut genug."

Eugen Stöffler
(1886 – 1955)

Der schwäbische Theologe aus Oberjesingen war an für seine Zeit jedoch nicht ungewöhnlich vielen Stellen im Dienst als Vikar, Pfarrverweser und Pfarrer: in Alfdorf, Metzingen, Birkmannsweiler, Sulzbach am Kocher, Crailsheim, Löwenstein, Tuningen und Stuttgart. Nach einer Zeit beim Ev. Presseverband wurde er 1927 Pfarrer in Köngen. Er verweigerte den Treueid auf den Führer und schloss sich der Bekennenden Kirche an. Familie Stöffler pflegte ein gastliches Pfarrhaus, das auch zum Schutzraum für verfolgte Menschen jüdischen Glaubens wurde. Eine „württembergische Pfarrhauskette" vermittelte die Flüchtlinge heimlich weiter. Die Gedenkstätte Jad Vashem in Jerusalem zeichnete Johanna und Eugen Stöffler deshalb 1998 als „Gerechte unter den Völkern" aus. 1947–1953 war Eugen Stöffler Dekan in Kirchheim/Teck.

„Dann standen wir im Pfarrhaus in Köngen. Keiner in Württemberg (…), der nicht von der Gastfreundschaft wusste, die in diesem Haus gewährt wurde und von der sagenhaften Hilfsbereitschaft des kleinen rundlichen Pfarrers St. mit der immer weißen (…) Krawatte und der ewigen Zigarette. Ein Mann, den nichts aus seiner heiteren Ruhe bringen konnte, auch nicht die Aussicht, wegen der Beherbergung von Juden ins Konzentrationslager zu kommen."

(Max Krakauer, der mit seiner Frau in württembergischen Pfarrhäusern versteckt wurde, in seinem Bericht: Lichter im Dunkel, 1947)

Johanna Stöffler
(1895 – 1982)

Der gute Geist der legendären „Pfarrbräuterüstzeiten" in Württemberg war eine Tochter des Missionars Wilhelm Busch. Als Pfarrfrau in Köngen begründete sie in nationalsozialistischer Zeit den legendären Köngener Mädchentag. Die Frauenarbeit lag ihr besonders am Herzen, ihre Bibelarbeiten wirkten weit. Ihren mutigen Einsatz trug die Familie samt den sechs Kindern mit. Eine Tochter durfte deshalb kein Abitur machen, ein Sohn ist im Krieg gefallen.
Den Weg ihres Mannes in der Bekennenden Kirche trug Johanna Stöffler mit. Prägend für viele Frauen wurden ihre so einfühlsamen, wie tatkräftigen Schulungen für „Pfarrbräute" im Luizhausener Pfarrhaus. Dabei erwies sie sich auch als Meisterin der einprägsamen Bonmots: „Man muss die Gemeinde lieben, aber man muss nicht so sein, wie sie will!" Deutlich gab die zeitlebens kranke Frau ihre Kraftquellen an:

„Wir haben einen Herrn,
den König Jesus Christus,
und in ihm haben wir alles:
Wir sind geliebt –
Wir sind getragen –
Wir sind geführt –
Wir sind gerettet."

Johannes Tauler
(1300 – 1361)

Der tiefe Mystiker wurde in Straßburg geboren und studierte als Dominikaner in Köln, wo er von Meister Eckhart inspiriert wurde und Heinrich Seuse begegnete. Er betonte den inneren Menschen, der durch Buße zu Gott umkehrt und seine Nähe erfährt. Aus Kirchengliedern wollte er durch sein Predigen „Gottesfreunde" machen. Sein Werk prägte sowohl Luther und die Reformation, als auch Jakob Böhme und den Pietismus. Auch die Brüder vom gemeinsamen Leben und die mystische Seite ihrer „Devotio moderna" (modernen Frömmigkeit) hatte Tauler als Lehrer beeinflusst.

*„Der Leib soll sein ein Knecht der Seele,
die Seele eine Dienerin des Geistes
und der Geist ein Anstarren Gottes."*

Primus Truber
(1508 – 1586)

Der Reformator wird auch der „slowenische Luther" genannt. Geboren bei Ljubljana (Laibach) in Slowenien, studierte er in Salzburg und wurde Domherr in seiner Heimatstadt. Er schloss sich der Reformation an und musste deshalb fliehen. Zunächst kam er nach Nürnberg, dann als Pfarrer in die Reichsstädte Rothenburg ob der Tauber und Kempten. Er übersetzte die Bibel und den Katechismus ins Slowenische. 1560 entstand mit Unterstützung des geflohenen Adeligen Hans Ungnad von Sonneck im Stift Urach eine Druckerei, in der 30.000 slowenische und kroatische Bibeln und Katechismen gedruckt wurden. Dafür wurden erstmals slowenische Schriftzeichen hergestellt. Truber bekam die Pfarrei in Urach übertragen. Danach wurde er Pfarrer in Lauffen am Neckar und ab 1566 in Derendingen bei Tübingen. Sein Werk ist in Slowenien nicht vergessen.

„Darmit dann sollicher theurer Schatz nicht bey ettlichen wenigen aufgehalten / sondern auch under die gemein Gottes / weit ausgebreitet werde / haben durch eingeben Gottes etliche under uns / diese arbeit … under die handt genommen und beids in die Windisch und Crobatische Sprach / nützliche … Büchlin … verdolmetscht / dardurch die gemein Christi bey uns erbawet werden möchte."

Petrus Waldes
(vor 1150 – um 1206)

Der Begründer der nach ihm benannten Waldenser-Bewegung war ein wohlhabender Kaufmann aus Lyon. Er gründete eine Laienbewegung, die ihre Habe mit den Armen teilte und zur Buße aufrief. 1180 legten sie ein kirchliches Bekenntnis ab, aber die „Waldenser" wurden 1184 als häretisch verurteilt. Trotzdem sammelten sich Anhänger, vor allem in Südfrankreich und Oberitalien, wo sie Verfolgung erlitten. Ihr Ideal der Urgemeinde kritisierte die mächtige Kirche. Die Anliegen der Waldenser führten sie zur Reformation und sie schlossen sich der schweizerisch-reformierten Tradition an. Weitere Verfolgungen führten zur Flucht, auch nach Württemberg, wo ab 1699 Menschen in den Ämtern Mühlacker und Vaihingen/Enz aufgenommen wurden. Dort zeugen Orte mit waldensischen Namen noch heute davon: Perouse, Pinache u. a. In den Tälern Norditaliens um Torre Pellice lebt noch heute das Zeugnis der evangelischen Waldenser.

„Lux lucet in tenebris."
Das Licht scheint in der Finsternis.

Gustav Werner
(1809 – 1887)

Der Theologe, Wegbereiter der Diakonie und soziale Unternehmer begann seine Tätigkeit als Vikar in Walddorfhäslach (1834 – 1840), wo er in einer Kleinkinderschule arme Kinder sammelte. Die Kirchenleitung nahm ihn von der Liste der württembergischen Predigtamtskandidaten, weil er Gemeindegrenzen nicht respektierte und auch theologisch eigene Wege ging. Da gründete er in Reutlingen das spätere Bruderhaus. Menschen mit Behinderungen wurden dort beheimatet und in den dazugehörigen Betrieben wie der Maschinen- oder Papierfabrik, auch im Ermstal beschäftigt. Waise Wilhelm Maybach bekam dort eine gute Ausbildung und lernte im Bruderhaus den Berufschullehrer Gottlieb Daimler kennen. Dieses Zusammentreffen schrieb internationale Automobilgeschichte. Die „Gustav Werner Stiftung zum Bruderhaus" lebt heute in der „Bruderhaus Diakonie" weiter.

„Was nicht zur Tat wird, hat keinen Wert."

John Wesley
(1703 – 1791)

Der englische Begründer des Methodismus studierte in Oxford. Als Pfarrer im amerikanischen Georgia lernte er die Herrnhuter und den Halleschen Pietismus kennen. Nach einem Bekehrungserlebnis wurde er Erweckungsprediger in seiner Heimat. „Meine Pfarrei ist die Welt", sagte er, und hielt über 40.000 Predigten, nicht in Kirchen, sondern unter freiem Himmel. Mit seinem Bruder Charles, einem bekannten Liederdichter, begründete er einen Bibelkreis, in dem nach einer festen „Methode" die Bibel gelesen wurde. Wesley war überzeugt, dass der persönliche Glaube in eine Gemeinschaft eingebunden sein muss. Er setzte sich für die Armen und die Abschaffung der Sklaverei ein. Von England aus entstand auch in Deutschland die methodistische Kirche als Freikirche.

„Obwohl ich immer in Eile bin,
bin ich doch niemals in Hetze,
weil ich nur soviel Arbeit auf mich lade,
wie ich ruhigen Herzens bewältigen kann."

Johann Hinrich Wichern
(1808 – 1881)

Der Theologe und Begründer der „Inneren Mission" und „männlichen" Diakonie wurde in Hamburg geboren. Nur durch die Unterstützung vieler konnte er als Halbwaise studieren, wofür er ein Leben lang dankbar blieb. Seinem diakonischen Werk erging es ebenso und Wichern konnte ab 1833 im „Rauhen Haus" bei Hamburg hilfsbedürftige Jugendliche aus schwierigen Verhältnissen aufnehmen. Sie lebten dort nach dem Familienprinzip und arbeiteten in eigenen Werkstätten. Wichern begründete die Ausbildung zum Diakon. Weitere Einrichtungen im ganzen Land wurden nach seinem Vorbild gegründet. Mit einer flammenden Rede beim Kirchentag 1848 inspirierte er die Kirche zu Werken der „Inneren Mission".

„Mein Kind, dir ist alles vergeben. Sieh um dich her, in was für ein Haus du aufgenommen bist. Hier ist keine Mauer, kein Graben, kein Riegel, nur mit einer schweren Kette binden wir dich hier, du magst wollen oder nicht, du magst sie zerreißen, wenn du kannst, diese heißt Liebe und ihr Maß ist Geduld."

(aus dem Aufnahmeritual im Rauhen Haus Hamburg)

Nikolaus Ludwig Graf von Zinzendorf
(1700 – 1760)

Der Gründer der Herrnhuter Brüdergemeine in der Lausitz war als Reichsgraf weit gereist und umfassend gebildet. In ökumenischer Weite und mystischer Tiefe sammelte der Pietist und theologische Autodidakt eine Gemeinde aus Frauen, Männern und Familien in Herrnhut. 1733/34 besuchte er auch Württemberg, wo er viele Anhänger hatte. Seine täglichen Losungen, 1728 begründet, wurden Christen auf der ganzen Welt zum Begleiter und Zugang zu Gottes Wort. Ein großes Missionswerk verbreitete Herrnhuter Glaubensformen und Toleranz. Weltweit entstanden Gemeinden, von Amerika bis Tansania. Zinzendorf schuf ein vielfältiges theologisches Werk. Aus seiner „Sing-Bewegung" klingen noch immer viele Lieder:

„Die Liebe wird uns leiten, den Weg bereiten
und mit den Augen deuten auf mancherlei,
ob's etwa Zeit zu Streiten, ob's Rasttag sei."

(aus: „Wir wolln uns gerne wagen": EG 254, 2)

Huldreich Zwingli
(1484 – 1531)

Der Reformator von Zürich war zunächst Priester im Kanton Glarus. Eine Begegnung mit Erasmus von Rotterdam in Basel gewann ihn für den Humanismus. 1518 berief ihn der Rat der Stadt Zürich als Pfarrer ans Großmünster. Dort leitete er die Stadtreformation durch Rat und Geistlichkeit an mit einer strengen Zuchtordnung. Für die biblisch-reformatorische Bildung begründete er die Akademie „Prophezey". Während der Auseinandersetzungen um das Abendmahl betonte Zwingli beim Marburger Religionsgespräch 1529 die symbolische Bedeutung und die Einheit der Kirche. 1531 ist er in der Schlacht bei Kappel zwischen altgläubigen und reformatorischen Kantonen gefallen. Andere führten die reformierte Tradition der Schweiz weiter.

„Jesus ist in einer Futterkrippe geboren,
während wir in Daunenfedern schnarchen."

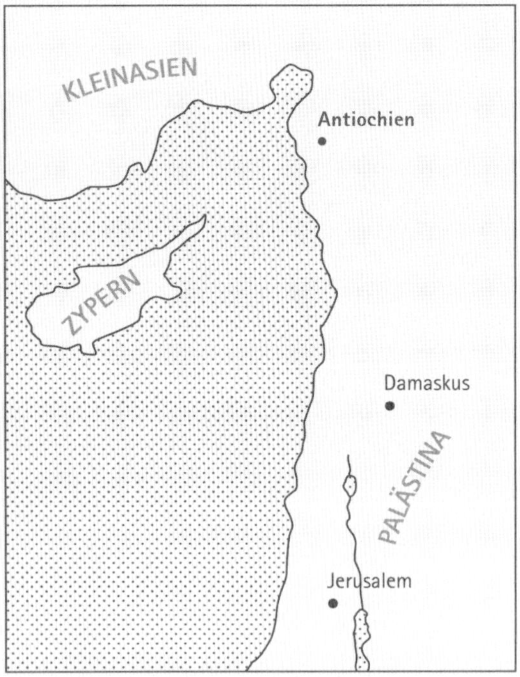

Antiochien

Antiochien am Orontes in Syrien, heute das türkische Anatkya, wurde von Seleukos I. um 300 v. Chr. als Hauptstadt seines Diadochenreichs gegründet und prachtvoll ausgebaut. Dank ihrer günstigen Lage an der Küstenstraße des Mittelmeers und des Karawanenwegs nach Mesopotamien entwickelte sie sich – nach Rom und Alexandria – zur drittgrößten Stadt des römischen Weltreichs. Auf Grund der Christenverfolgung in Jerusalem zerstreuten sich Teile der Urgemeinde. Dadurch entstand hier eine neue Gemeinde. Paulus und Barnabas wurden in Antiochien in einem feierlichen Gottesdienst zum Missionsdienst ordiniert.
Die Stadt wurde später Sitz eines Patriarchen, der den Patriarchen von Rom, Konstantinopel und Alexandria gleichgestellt war; sie beherbergte mehrere Kirchenkonzile.

„In Antiochia wurden die Jünger Jesu erstmals Christen genannt.“
(Apostelgeschichte 11, 19-26)

Bethlehem

In und um Bethlehem, „Haus des Brotes“, gibt es mehrere Stätten biblischer Überlieferung. Rahel, die Frau des Erzvaters Jakob wurde hier bestattet. Ihre Grabstätte wird heute noch verehrt. Später kehrte die verwitwete Rut mit ihrer Schwiegermutter Noomi aus Moab in deren Heimat Bethlehem zurück. Beim Ährenlesen lernte sie Boas kennen, der sie heiratete. Sie gebar ihm Obed, den Vater Isais, welcher Davids Vater ist. David wurde hier von Samuel zum König gesalbt. Schließlich haben die Geburt Jesu, die Anbetung der Hirten, die Weisen aus dem Morgenland und der Kindermord des Herodes Bethlehem zu einem der bedeutendsten Orte der Christenheit gemacht.

„Und du, Bethlehem Efrata, die du klein bist unter den Städten in Juda, aus dir soll mir kommen, der in Israel Herr sei, dessen Ausgang von Anfang und von Ewigkeit her gewesen ist“.
(Micha 5, 1)

Bethsaida

Das ehemalige Fischerdorf am Nordende des Sees Genezareth lag in der Nähe der Jordanmündung. Jesus kam nach der Speisung der Fünftausend hierher und heilte dort später einen Blinden. Die Apostel Petrus, Andreas und Philippus stammten aus Bethsaida. Der Wehruf über die galiläischen Städte, die keine Buße getan hatten, traf Bethsaida mit Chorazin und Kapernaum besonders nachdrücklich:

„Wehe dir Chorazin! Wehe dir Bethsaida! Wären solche Taten in Sidon oder Tyrus geschehen, wie sie bei euch geschehen sind, sie hätten längst in Sack und Asche Buße getan.“
(Matthäus 11, 21)

Beerscheba

Beerscheba, „Brunnen der Sieben, Schwurbrunnen“, ist im Alten Testament bekannt als Ort der Patriarchen. Hier schlossen Abraham und König Abimelech von Gerar einen Vertrag, der Abraham die ungestörte Nutzung des von ihm gegrabenen Brunnens erlaubte. Abraham pflanzte dort einen Tamariskenbaum, rief den Namen des Herrn an und siedelte. Nach der Landnahme bildete Beerscheba die Südgrenze des israelitischen Siedlungsraums, der nach der bekannten Redewendung von „Dan bis Beerscheba“ reichte.

Gott verheißt Abraham:
„Ich will dein Geschlecht segnen und mehren wie die Sterne am Himmel und wie den Sand am Ufer des Meeres ... und durch dein Geschlecht sollen alle Völker auf Erden gesegnet werden, weil du meiner Stimme gehorcht hast.“
(1. Mose 22, 17+18).

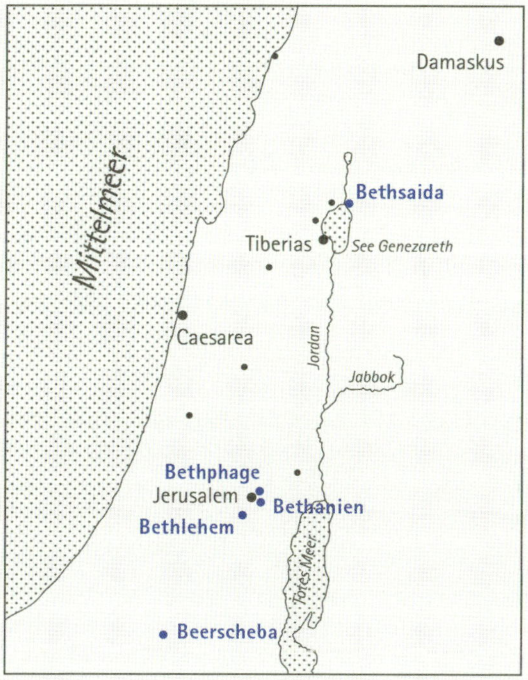

Bethanien

Das Dorf Bethanien, „Haus der Feigen“, liegt am Ölberg, etwa 3 km von Jerusalem entfernt. Es war die Heimat der Schwestern Maria und Marta, wo Jesus öfter zu Gast war. Hier erweckte Jesus ihren Bruder Lazarus vom Tod.
Er wurde drei Tage vor dem Passahfest dort gesalbt und von da aus zog er in Jerusalem ein. Vor der Himmelfahrt führte der Auferstandene die Jünger nach Bethanien und segnete sie.

„Jesus spricht zu Marta: Ich bin die Auferstehung und das Leben. Wer an mich glaubt, der wird leben; auch wenn er stirbt; und wer da lebt und glaubt an mich, der wird nimmermehr sterben.“
(Johannes 11, 25+26)

Bethphage

Das Dorf liegt östlich des Ölberggipfels bei Bethanien, nahe Jerusalem. Als Jesus bei seiner letzten Reise von Jericho nach Jerusalem hier ankam, sandte er zwei seiner Jünger in das Dorf, wo sie eine Eselin und ein Füllen fanden. Jesus saß auf diesem Füllen, als er in Jerusalem einzog.

„Du Tochter Zion, freue dich sehr, und du Tochter Jerusalem, jauchze! Siehe dein König kommt zu dir, ein Gerechter und ein Helfer, arm und reitet auf einem Esel, auf einem Füllen der Eselin.“
(Sacharja 9, 9)

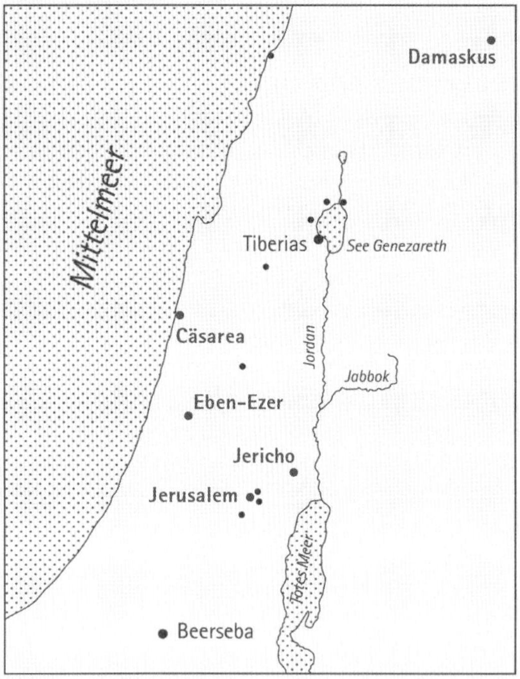

Cäsarea

Die Kaiserstadt am Mittelmeer war fast 600 Jahre lang die Hauptstadt der römischen Provinz Judäa. 22 v. Chr. baute König Herodes eine neue Stadt und gab ihr zu Ehren des Kaisers Augustus den Namen Cäsarea. In den Jahren 26–36 n. Chr. residierte hier Pontius Pilatus als Prokurator. Der Evangelist Philippus gründete in der Stadt eine christliche Gemeinde und Petrus predigte hier im Hause des Hauptmanns Kornelius. In Cäsarea fand auch der Prozess gegen Paulus unter Prokurator Felix statt, der den Apostel zwei Jahre gefangen hielt und ihn dann in Ketten nach Rom sandte.

„Petrus sprach: Nun erfahre ich in Wahrheit, dass Gott die Person nicht ansieht; sondern in jedem Volk, wer ihn fürchtet und recht tut, der ist ihm angenehm.“ (Apostelgeschichte 10, 34+35)

Ephesus

Ephesus war schon in der Antike eine Weltstadt und gehörte dem Ionischen Zwölfstädtebund an. Ihre größte Blüte erlebte die Stadt in der römischen Kaiserzeit als Hauptstadt der Provinz Asia und bedeutendes Seehandelszentrum im östlichen Mittelmeer. Das religiöse Leben stand ganz im Zeichen der Fruchtbarkeitsgöttin Artemis oder Diana, die in einem prachtvollen Tempel – einem der sieben Weltwunder des Altertums – verehrt wurde. In dieser großen Hafen- und Handelsstadt, wo Geld, Vergnügungssucht und Okkultismus regierten, war schon früh eine Christengemeinde entstanden. Paulus kam auf seiner zweiten Missionsreise nach Ephesus und wirkte dort drei Jahre (55–58 n. Chr.), obwohl sich heftiger Widerstand gegen ihn regte. In den Sendschreiben der Offenbarung wird die Gemeinde gelobt für ihre Geduld und für die Last, die sie um Christi willen getragen hat, aber getadelt, weil sie die „erste Liebe“ verlassen hat:

„Gedenke, wovon du gefallen bist, und tue Buße und tue die ersten Werke.“ (Offenbarung 2, 5)

Damaskus

Die uralte Stadt Damaskus liegt in einer fruchtbaren Oase am Fuße des Antilibanon. Als wichtiger Knotenpunkt für Karawanen kam sie in biblischen Zeiten zu wirtschaftlichem Wohlstand. Sie war das politische Zentrum der Aramäer, wurde von König David erobert und später von den Assyrern zerstört (732 v. Chr.). Danach ging Damaskus an die Chaldäer über, dann an die Perser und Griechen und wurde schließlich 64 v. Chr. von den Römern in Besitz genommen. Hier entstand schon früh eine christliche Gemeinde. Auf dem Weg nach Damaskus wurde Saulus (Paulus), der die dortigen Christen verfolgen wollte, durch den Ruf Jesus bekehrt:

„Er fiel auf die Erde und hörte eine Stimme, die sprach zu ihm: Saul, Saul, was verfolgst du mich? Er aber sprach: Herr, wer bist du? Der sprach: Ich bin Jesus, den du verfolgst."
(Apostelgeschichte 9, 4)

Eben-Ezer

Eben-Ezer heißt „Stein der Hilfe". Nach 1. Sam 4 lagerte sich das Volk Israel bei Eben-Ezer, als es zur Zeit Samuels gegen die Philister in den Kampf zog. Die Israeliten unterlagen und holten daraufhin die Bundeslade ins Lager. Bei einem erneuten Angriff der Philister fiel sie in deren Hände und wurde nach Aschdod gebracht. Erst zwanzig Jahre später konnte Israel unter der Führung Samuels die Philister besiegen.

„Da nahm Samuel einen Stein und stellte ihn auf zwischen Mizpa und Schen und nannte ihn „Eben-Ezer" und sprach: Bis hierher hat uns Gott geholfen."
(1. Samuel 7, 12)

Jericho

Die Oasenstadt Jericho, „Duftort", gilt als eine der ältesten Städte der Welt. Ihre Siedlungsschichten reichen bis in die Zeit um 8000 v. Chr. zurück. Sie liegt 320 m unter dem Meeresspiegel. Ausführlich schildert die Bibel die Eroberung und Zerstörung Jerichos durch die Israeliten unter der Führung Josuas (vermtl.13. Jh. v. Chr.) Später kamen die Propheten Elia und Elisa nach Jericho. Die „Palmenstadt" wurde wegen ihres milden Klimas und Wasserreichtums zu einer beliebten Winterresidenz verschiedener Herrscher. Als Jesus zum letzten Mal durch das Jordantal nach Jerusalem wanderte, heilte er in Jericho zwei Blinde.

„Und siehe zwei Blinde saßen am Weg; und als sie hörten, dass Jesus vorüberging, schrieen sie: Ach Herr, du Sohn Davids, erbarm dich unser!"
(Matthäus 20, 30)

Jerusalem

Die „Stadt des Friedens" gilt Juden, Christen und Muslimen als „heilig". Die alttestamentlichen Überlieferungen erwähnen sie als Ort der Begegnung Abrahams mit Melchisedek, als „Stadt Davids" und des Tempels, sowie Hauptstadt des Südreiches Juda. Im Neuen Testament ist Jerusalem der Ort, an dem Jesus, „gekreuzigt, gestorben und begraben", und von den Toten auferweckt wurde. Hier empfängt die Gemeinde am Pfingstfest den Heiligen Geist. Der Seher der Johannesapokalypse schließlich sieht das „neue Jerusalem" vom Himmel kommen.
Die islamische Tradition kennt Jerusalem (arab. „die Heilige") als den Ort, von dem aus der Prophet Mohammed gen Himmel ritt. 1099 von den Kreuzfahrern erobert und 1516–1917 unter osmanisch-türkischer Herrschaft, bestimmte der Staat Israel Jerusalem zu seiner Hauptstadt.

„Wünschet Jerusalem Glück! Es möge wohl gehen denen, die dich lieben! Es möge Friede sein in deinen Mauern …"
(Psalm 122, 6+7)

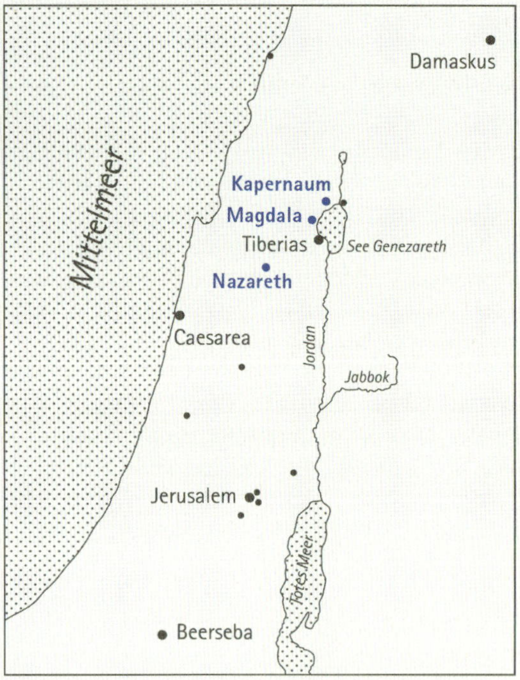

Kapernaum

Wohl kaum ein anderer Ort im heiligen Land ist so eng mit dem Wirken Jesu verbunden wie dieses ehemalige Fischerdorf am Nordufer des Sees Genezareth. Nachdem Jesus Nazareth verließ, wohnte er in Kapernaum. In dieser Gegend berief er die ersten Jünger: Simon Petrus und seinen Bruder Andreas, sowie die beiden Söhne des Zebedäus. Er lehrte in der Synagoge und heilte Besessene, Gelähmte und Verkrüppelte, auch den Knecht des Hauptmanns von Kapernaum und erweckte die Tochter des Synagogenvorstehers Jairus vom Tode. Auch an Kapernaum geht sein Bußruf:

„Tut Buße, denn das Himmelreich ist nahe herbeigekommen!"
(Matthäus 4, 17)

Magdala

Magdala, heute Migdal, ist die Heimat von Maria Magdalena. Nach dem sie von bösen Geistern geheilt worden war, wurde sie eine treue Jüngerin Jesu. Sie war bei der Kreuzigung zugegen, ebenso bei der Grablegung und ging zusammen mit anderen Frauen am dritten Tag zum Grab, das sie leer fanden. Ein Engel verkündigte ihnen, dass Jesus von den Toten auferstanden ist. Johannes berichtet, sie sei Jesus selbst begegnet, hätte ihn aber erst erkannt, als er sie beim Namen nannte.

„Maria von Magdala geht und verkündigt den Jüngern: Ich habe den Herrn gesehen, und das hat er zu mir gesagt."
(Johannes 20, 18)

Nazareth

Im Bergland von Galiläa liegt die kleine Stadt Nazareth, die erstmals im Neuen Testament bei der Ankündigung der Geburt Jesu erwähnt wird. Hier verbrachte Jesus seine Kindheit und Jugend. Nach seiner Taufe und dem Beginn seiner Verkündigung hielt er sich aber meist in der Gegend von Kapernaum auf. Jesus wurde in seiner Heimatstadt nicht anerkannt, verließ die Stadt und kehrte nie mehr nach Nazareth zurück. Gelegentlich nannte man die Christen und auch Jesus nach seiner Vaterstadt „Nazarener".

„ Und es begab sich zu der Zeit, dass Jesus aus Nazareth aus Galiläa kam und ließ sich taufen von Johannes im Jordan ... Da geschah eine Stimme vom Himmel: Du bist mein lieber Sohn, an dir habe ich Wohlgefallen".
(Markus 1, 9+11)

Korinth

Das antike Korinth – dank seiner Lage eine Vermittlerin des Verkehrs zwischen Osten und Westen – war eine der glänzendsten Handelstädte der alten Welt. 146 v. Chr. von den Römern aus Konkurrenzneid zerstört, lag es über 100 Jahre verödet, wurde aber durch Cäsar wieder besiedelt und gelangte zu neuer Blüte. Entsprechend der ethnischen und religiösen Vielfalt der Bewohner, gab es in der Stadt eine Fülle von Tempeln, in denen die unterschiedlichsten Gottheiten verehrt wurden. In dieser von religiösem Pluralismus und von Lasterhaftigkeit geprägten Stadt entstand durch das Wirken des Apostel Paulus eines der wichtigsten frühchristlichen Zentren (50/51 n. Chr.). Er besuchte die Stadt dreimal und schrieb später zwei Briefe an die Korinther.

„Ihr seid teuer erkauft, werdet nicht der Menschen Knechte."

(1. Korinther 7, 11)

Laodicea

Laodicea wurde von Antiochos II. von Syrien im 3. Jh. v. Chr. gegründet und nach dessen Schwester-Gemahlin Laodike benannt. Durch Handel und Bankgeschäfte, vor allem aber durch die Herstellung von Augensalben entwickelte sich der Ort zu einer der wohlhabendsten Städte Kleinasiens. Die Stadt hatte keine ausreichenden Quellen. Das notwendige Wasser musste mittels eines Äquadukts von 10 km entfernt liegenden heißen Quellen (Pamukkale) nach Laodicea geleitet werden, wo es lauwarm ankam. Schon im 1. Jh. n. Chr. entstand hier eine christliche Gemeinde, die durch Epaphras, einem Mitarbeiter des Paulus, gegründet wurde. Laodicea wird in den Sendschreiben in der Offenbarung als lauwarm getadelt.

„ Ach, dass du kalt oder warm wärest! Weil du aber lau bist und weder kalt noch warm, werde ich dich ausspeien aus meinem Munde."

(Offenbarung 3, 15+16)

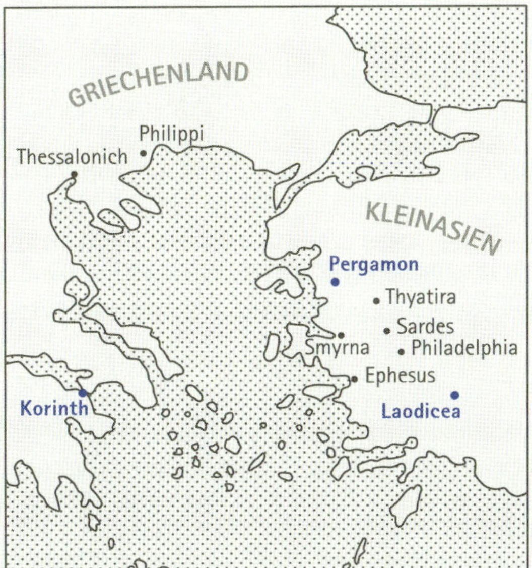

Pergamon

Der Aufstieg der antiken Stadt Pergamon begann im 3. Jh. v. Chr. unter der Dynastie der Attaliden, als sie zur Hauptstadt eines mächtigen Reiches wurde. Die Stadt war berühmt für ihre große Bibliothek und prachtvollen Tempelkomplexe, die griechischen Göttern (u. a. Äskulap, Zeus, Dionysos) und römischen Kaisern gewidmet waren. Die christliche Gemeinde von Pergamon wird in der Offenbarung als dritte der sieben Sendschreiben-Gemeinden erwähnt. Sie wird als „da wo der Thron des Satans ist" beschrieben – vermutlich eine Anspielung auf ihre Rolle als Zentrum des Kaiserkults. Die Verweigerung der Kaiseranbetung durch die Christen löste unter Kaiser Domitian eine schwere Christenverfolgung aus. Johannes redet daher mit der angefochtenen Gemeinde mild, ermahnt sie aber wegen einiger Irrlehrer:

„Tut Buße; wo aber nicht, werde ich bald über dich kommen und mit ihnen streiten durch das Schwert meines Mundes."

(Offenbarung 2, 16)

Philadelphia

Philadelphia, „Stadt der Bruderliebe“, heute Alasehir, wurde im 2. Jh. v. Chr. von Eumenes II. von Pergamon gegründet. Sie entwickelte sich zu einer florierenden Handelsstadt, begünstigt durch ihre gute Verkehrslage an der Nahtstelle zwischen dem großen Zentralplateau Kleinasiens und den Küstenstädten der Ägäis. Gewerblich war sie auf Textil- und Lederproduktion spezialisiert. 133 v. Chr. gelangte Philadelphia in römische Hand. Die Stadt fiel erst 1390 n. Chr., als letzte Stadt Kleinasiens, an die Türken. Die christliche Gemeinde in Philadelphia war eine der Empfängerinnen der Sendschreiben der Offenbarung; dabei wird gegen sie – als einzige – kein Vorwurf erhoben.

„Siehe ich komme bald; halte was du hast, dass niemand deine Krone nehme!“
(Offenbarung 3, 11)

Sardes

Die alte lydische Hauptstadt des sprichwörtlich reichen Königs Krösus, war nicht nur wegen ihres Wohlstandes, sondern auch wegen ihres Artemisheiligtums bekannt. Sie war in den Händen der Perser und Griechen, ehe sie 129 v. Chr. Teil des römischen Weltreiches wurde. In der Stadt standen Mysterienreligionen und heidnische Kulte in Blüte. Das Christentum fand dort schon früh Eingang. Sardes ist eine der sieben Gemeinden in der römischen Provinz Asien, an die die Sendschreiben der Offenbarung gerichtet sind. Die christliche Gemeinde war klein und schwach und geistlich bereits erstarrt.

„So gedenke nun, wie du empfangen und gehört hast, und halte es und tue Buße.“
(Offenbarung 3, 3)

Sarepta

Die uralte phönizische Hafenstadt Sarepta (Zarpath) lag an der Mittelmeerküste etwa in der Mitte zwischen den bekannten phönizischen Seehandelsstädten Tyrus und Sidon. Der Ort wird schon sehr früh in ägyptischen und assyrischen Quellen genannt. Uns ist er bekannt durch die biblische Geschichte vom Propheten Elia, der hier den verstorbenen Sohn einer Witwe wieder zum Leben erweckte:

„Und der HERR erhörte die Stimme Elias, und das Leben kehrte in das Kind zurück, und es wurde wieder lebendig. Und die Frau sprach zu Elia: Nun erkenne ich, dass du ein Mann Gottes bist, und des HERRN Wort in deinem Munde die Wahrheit ist.“
(1. Könige 7, 22+24)

Philippi

Die mazedonische Stadt wurde 360 v. Chr. von Siedlern der nahe gelegenen Insel Thasos gegründet. 42 v. Chr. fand bei Philippi eine der großen Entscheidungsschlachten der Antike statt, in der Oktavian (später Augustus) und Mark Antonius ihre Rivalen Brutus und Cassius besiegten. Nach der Schlacht wurde Philippi eine Kolonie für römische Veteranen.
Die christliche Gemeinde in Philippi verdankt ihre Entstehung dem Wirken von Paulus, Silas, Timotheus und Lukas im Jahre 49 n. Chr. Als erste Gemeinde auf europäischem Boden ist sie dem Apostel Paulus ans Herz gewachsen. Ihr allein erlaubt er, etwas zu seinem Lebensunterhalt beizutragen. In einem Brief an die Philipper schreibt er:

„Ich bin darin guter Zuversicht, dass der in euch angefangen hat das gute Werk, der wird's auch vollenden bis an den Tag Jesu Christi."
(Philipper 1, 6)

Samaria

Samaria liegt im gleichnamigen Bergland und war 880–721 v. Chr. die Hauptstadt des Königreichs Israel. Ihre Eroberung durch die Assyrer beendete das Nordreich. Viele Einwohner wurden deportiert und Fremde aus Mesopotamien angesiedelt, die sich mit den zurückgebliebenen Juden zum Volk der Samariter vermischten. Neuen Glanz gab Herodes der Stadt, der sie zu Ehren des Augustus (griechisch Sebastos) Sebaste nannte. Nach der Zerstreuung der Urgemeinde in Jerusalem kamen die Jünger Philippus, Petrus und Johannes hierher. Sie setzten sich mit dem Zauberer Simon auseinander. Er wollte für Geld einen Anteil am Heiligen Geist kaufen. (daher: „Simonie" für die Käuflichkeit geistlicher Ämter).

„Petrus aber sprach zu ihm: Dass du verdammt werdest mit samt deinem Geld, weil du meinst, Gottes Gabe werde durch Geld erlangt."
(Apostelgeschichte 8, 20)

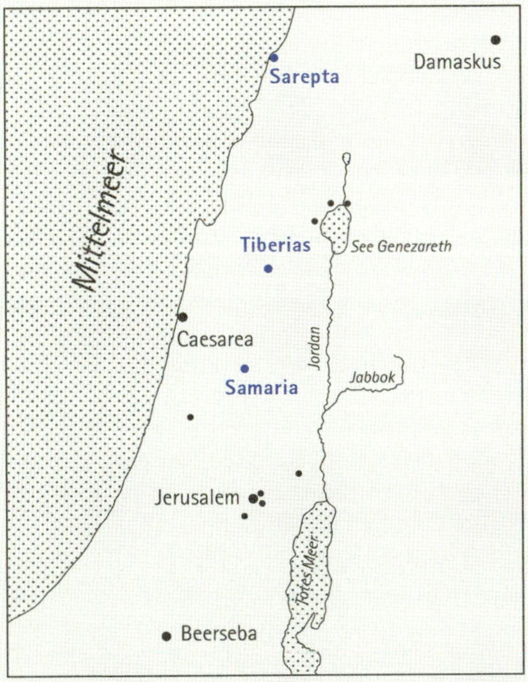

Smyrna

Smyrna, heute Izmir, wurde gegen Ende des 11. Jh. v. Chr. gegründet. Der Name Smyrna ist von der dort wachsenden Myrrhe abgeleitet. Die griechische Kolonie gehörte zum Ionischen Städtebund. Im 8. Jh. v. Chr. soll Homer hier die Ilias geschaffen haben. Die Stadt zählte zu den wohlhabendsten und schönsten Kleinasiens. Die christliche Gemeinde in Smyrna war die zweite der sieben Gemeinden in der römischen Provinz Asien, an die die Sendschreiben gerichtet sind. 155 n. Chr. wurde in Smyrna der 86-jährige Gemeindevorsteher Polykarp als Märtyrer verbrannt. Als das Schreiben an die Gemeinde gerichtet wurde, litt sie unter Verfolgung und Verleumdung und wird mit den Worten getröstet:

„Sei getreu bis in den Tod, so will ich dir die Krone des Lebens geben."
(Offenbarung 2, 10)

Thessalonich

Thessalonich, heute Saloniki, wurde 315 v. Chr. vom mazedonischen König Kassandros gegründet, der sie nach seiner Gemahlin, einer Schwester Alexander des Großen, Thessalonike nannte. Unter römischer Herrschaft war sie eine freie Stadt an der „Via Egnatia", der wichtigen Handels- und Heerstraße Nordgriechenlands, die die Adria mit Byzanz verband. Der Apostel Paulus errichtete hier auf seiner zweiten Missionsreise eine der ersten europäischen Christengemeinden, musste aber wegen eines Aufruhrs mit seinem Begleiter Silas die Stadt überstürzt verlassen. Im 1. Thessalonicherbrief, dem frühesten Brief, der von Paulus erhalten ist, ermahnt er die Gemeinde mit den Worten:

„Seid allezeit fröhlich, betet ohne Unterlass, seid dankbar in allen Dingen; denn das ist der Wille Gottes in Christus Jesus an euch."
(1. Thessalonicher 5, 16)

Thyatira

Thyatira, das heutige Akhisar in der Türkei, war in der Antike für seine Textilindustrie und Purpurfärberei bekannt. Die Purpurkrämerin Lydia, die in Philippi durch die Predigt des Paulus bekehrt wurde, stammte von dort. Die Stadt gelangte 129 v. Chr. an Rom und gehörte fortan zur Provinz Asia. Die christliche Gemeinde in Thyatira ist die Empfängerin des vierten Sendschreibens an die sieben Gemeinden in Asien. Neben dem Lob für die Gemeinde, in ihrem geistlichen Leben nicht ab-, sondern zugenommen zu haben, steht der Tadel: Es gibt in der Gemeinde eine Gruppierung unter der Leitung einer Prophetin, die Teile der Gemeinde zu „Hurerei" und zum Verzehr von Götzenopferfleisch verführt. Den Standhaften wird das Wort zugesprochen:

„Was ihr habt, das haltet, bis dass ich komme. Und wer da überwindet, und hält meine Werke bis ans Ende, dem will ich Macht geben über die Heiden."
(Offenbarung 2, 25+26)

Tiberias

Herodes Antipas, ein Sohn Herodes I. und Landesherr Jesu, gründete 18 n. Chr. am Westufer des Sees Genezareth in der Nähe heißer Quellen die Stadt Tiberias und benannte sie nach Kaiser Tiberius. Seit dem Ende des 2. Jh. n. Chr. war Tiberias Sitz des Sanhedrin, dem Hohen Rat der Juden. Im 3. Jh. entwickelte sich die Stadt für rund 200 Jahre zum religiösen Zentrum des Judentums. Hier wurde der Jerusalemer Talmud (400 n. Chr.) vollendet. Im Neuen Testament wird Tiberias nur einmal erwähnt:

„Es kamen aber andere Boote von Tiberias nahe an den Ort, wo sie das Brot gegessen hatten unter der Danksagung des Herrn."
(Johannes 6, 23)

LITERATURHINWEISE

Bloedt, Dieter A.; Ehmer, Hermann; Schöllkopf, Wolfgang: Uracher Köpfe (Uracher Geschichtsblätter 2), Bad Urach 2009.

Brecht, Martin: „Moderne Frömmigkeit“ und „gemeinsames Leben“. Das Uracher Brüderhaus und seine Geschichte, in: Blätter für württembergische Kirchengeschichte (BWKG), Nr. 78, 1978, S. 5–23.

Die württembergischen Klosterschulen und Seminare: Das Evangelisch-Theologische Seminar Urach 1818–1977, mit Beiträgen von Albrecht Goes und Theo Sorg, hg. vom Verein für württembergische Kirchengeschichte in Zusammenarbeit mit dem Landeskirchlichen Archiv Stuttgart und dem Landeskirchlichen Museum, Metzingen 1991.

Faix, Gerhard: Gabriel Biel und die Brüder vom Gemeinsamen Leben: Quellen und Untersuchungen zu Verfassung und Selbstverständnis des Oberdeutschen Generalkapitels (Spätmittelalter und Reformation NF 11), Tübingen 1999.

Köpf, Ulrich; Lorenz, Sönke (Hgg.): Gabriel Biel und die Brüder vom gemeinsamen Leben. Beiträge aus Anlass des 500. Todestages des Tübinger Theologen (Contubernium 47), Stuttgart 1998.

Lorenz, Sönke; Setzler, Wilfried; Schindling, Anton (Hgg.): Primus Truber 1508–1586. Der slowenische Reformator und Württemberg (Veröffentlichungen der Kommission für geschichtliche Landeskunde in Baden-Württemberg, Reihe B: Forschungen, Band 181), Stuttgart 2011.

Muscat, Rosemarie: Der junge Mörike in Urach, Stuttgart 1985.

Oberman, Heiko Augustinus: Werden und Wertung der Reformation. Vom Wegestreit zum Glaubenskampf, Tübingen 1977.

Röhm, Walter: Bad Urach, ein Stadtführer durch Kunst und Geschichte, Bad Urach 1977.

Schulze, Manfred: Die Brüder des gemeinsamen Lebens in Urach, in: Schmid, Friedrich (Hg.): Die Amanduskirche in Bad Urach, Sigmaringen 1990, S. 9–16.

sowie die Festschriften des Einkehrhauses Stift Urach zur Einweihung 1980, zum 10-jährigen Jubiläum 1990 und zum 25-jährigen Jubiläum 2005.

DIE MITWIRKENDEN AN DIESEM BUCH

Matthias Balk ist freischaffender Fotograf und Ausstellungsgestalter, Köngen.

Dr. Ernst Michael Dörrfuß ist Kirchenrat und Direktor des Pastoralkollegs, Bad Urach.

Lioba Geggerle ist freischaffende Grafik- und Buchdesignerin, Neu-Ulm.

Astrid Hafner ist Mitarbeiterin am Empfang des Stifts.

Bärbel Hartmann ist Pfarrerin und leitet seit 2006 Stift Urach.

Dr. Siegfried Kullen war Professor für Geographie an der Pädagogischen Hochschule in Weingarten; er lebt in Hülben.

Martin Oettle ist Architekt in Schwäbisch Gmünd und leitete die Generalsanierung.

Dr. Wolfgang Schöllkopf ist Pfarrer am Stift Urach und landeskirchlicher Beauftragter für württembergische Kirchengeschichte.

DANK AN DIE FÖRDERER

Dieses Buch wurde dankenswerterweise gefördert von:

SKH Carl Herzog von Württemberg, Schloss Altshausen
Stadt Bad Urach
Kreissparkasse Reutlingen-Bad Urach
Volksbank Metzingen-Bad Urach
Rotary Clubs Ulm und Aarau (anlässlich ihres Partnertreffens am 21.4.2012 in Stift Urach)
Förderverein Stift Urach
Evangelische Landeskirche in Württemberg

Und von folgenden an der Sanierung beteiligten Firmen:

Architekturbüro Klaiber & Oettle, Schwäbisch Gmünd
Bauunternehmung Gottlob Rommel GmbH & Co. KG, Stuttgart
Firma Gutbrod GmbH & Co. KG, Bodelshausen
Firma Luft- und Klimatechnik LKT GmbH, Reutlingen
Firma Reutter, Steinmetz und Bildhauer, Bad Urach
Schreinerei Grad, Bad Urach
Firma Werner Bezold, Bayreuth